POLYGLOTT on tour

Belgien

mit Luxemburg

Liebe Corinna lieber

Reise

und

Papi.

...wald, 15.4.04.

Margarete Graf

Special

**Champagner und Kirschen –
belgische Braukunst** Seite 6
Stille Welt der frommen Frauen Seite 8
Handeln um jeden Preis Seite 10

Allgemeines

Belgien, unbekanntes Land **Seite 12**
Geschichte im Überblick **Seite 17**
Kultur gestern und heute **Seite 18**
Essen und Trinken **Seite 21**
Urlaub aktiv **Seite 22**
Unterkunft **Seite 24**
Reisewege **Seite 25**
Infos von A–Z **Seite 100**
Mini-Dolmetscher **Seite 102**
Register **Seite 104**
Die wichtigsten Sehenswürdigkeiten **Seite 108**
Belgien und Luxemburg im Internet **Seite 108**

Städtebeschreibungen

Brüssel – Der barocke Schmaus
Seite 26

Die Hauptstadt des Landes mit prächtigen Bauten und breiten Boulevards ist in stetem Wandel begriffen. Elegante
Boutiquen, malerische Märkte und Schlemmerlokale bieten alles, was das Herz der Besucher begehrt.

Antwerpen – Altflämische Schatzkammer
Seite 33

In der alten Hafenstadt und Heimat von Peter Paul Rubens
sind altflämische Lebensart und internationales Flair eine
enge Verbindung eingegangen. Kirchen und Museen sind
eine reiche Fundgrube für Kunstinteressierte.

Brügge – Weltstadt des Mittelalters
Seite 40

Das »Venedig des Nordens« in Westflandern war eines der
bedeutendsten Handelszentren des europäischen Mittelal-
ters. Die von Grachten durchzogene Altstadt ist ein pracht-
volles Beispiel spätmittelalterlicher Urbanität.

Städtebeschreibungen

Gent – Stolze Stadt an der Schelde Seite 44

In der zweitgrößten Hafenstadt des Landes, Zentrum des Obst- und Gemüseanbaus, spürt man noch den Pulsschlag der alten Kaufmannsstadt, die sich bis heute als Vorkämpferin der flämischen Eigenständigkeit hervortut.

Lüttich – Herbe Schönheit Seite 48

Französisches Savoir-vivre und bedeutende Kunstschätze in der Stadt der rauchenden Schlote. Wer erst einmal die Industrieviertel mit trister Betonarchitektur hinter sich gelassen hat, kann sich auf interessante Stunden freuen.

Luxemburg
Das kleine, starke Herz Europas Seite 91

Die Stadt Luxemburg verbindet Weltoffenheit mit der Ruhe und Behaglichkeit des Lebens in einer Kleinstadt. Sie ist ein ideales Reiseziel für ein kulinarisch interessantes, erholsames und doch anregendes verlängertes Wochenende.

Touren

Tour 1

Natur am laufenden Band Seite 51

Durch die Hochmoorlandschaft des Hohen Venn und das Maastal geht es im Ostteil Belgiens nach Namur, ins Thermalbad Spa und zu den weniger bekannten Kunststädten Limburgs.

Tour 2

Wege zu versteckten Schätzen Seite 60

Die Rundfahrt durch die belgischen Ardennen, ein ideales Wandergebiet, führt in malerische mittelalterliche Städtchen, zu gewaltigen Tropfsteinhöhlen und in den Urlaubsort Dinant.

Tour 3

Im Herzen des Landes

Seite 69

Alte Handelsstädte wie Lüttich und Mons, die Karnevalshochburg Binche, eine abwechslungsreiche Landschaft, technische Baudenkmäler. Hier erleben auch Sie Ihr Waterloo!

Tour 4

Spuren von Handel und Kriegen

Seite 83

Im Westen Belgiens liegen mit Kortrijk und Tournai die ältesten Städte des Landes. Idyllische Kleinstädte, Dörfer und mächtige Einzelgehöfte säumen den Weg.

Tour 5

Viel Genuss auf wenig Raum

Seite 96

Die Hügellandschaft Luxemburgs lädt ein zum Besuch von Burgen, Schlössern und zu ausgedehnten Wanderungen. Das Ländchen ist auch für Schlemmer ein lohnendes Ziel.

Kaum ein Brüssel-Besucher wird die Stadt verlassen, ohne Manneken Pis gesehen zu haben

Bildnachweis

Alle Fotos APA Publications/Annabel Elston außer Archiv für Kunst und Geschichte, Berlin: 16-1; Bildagentur KLIEM: 41-1; Rainer Hackenberg: 14-2, 20, 22, 26, 32, 35, 53, 60, 71, 93-1, Umschlagrückseite (unten); Ingeborg Knigge: 2-2, 5, 14-1, 27, 29, 45-2, 46, 62, 64, 65, 72, 82, 84, 89, 92, 93-2, 94-2, Umschlagrückseite (oben); Jo Scholten: 1, 21, 59-2; Martin Thomas: 2-1, 6, 6/7 (Fondbild), 7-1, 8-1, 8/9 (Fondbild), 9-1, 10-1, 10/11 (Fondbild), 11-1, 24-1, 50-1, 54, 57, 59-1, 61-1, 67, 78; Titelbild: IFA-Bilderteam/Harris

Champagner und Kirschen –
belgische Braukunst

Malzig-süß, kräftig-bitter oder doch mal ein Glas dieser aromatisierten Sorten probieren? Jeder Getränkemarkt in Belgien ist ein Bier-Schlaraffenland, jede Straßenkneipe ein kleines Paradies. Wer die mehr als 350 Sorten durchprobieren möchte, müsste also Monate im Land verbringen.

Wie jedes Bier bestehen auch die belgischen Klassiker aus Hopfen, Malz und Wasser. Höchst unterschiedlich sind jedoch die Feinrezepturen der Braumeister. Entscheidend für Farbe und Aroma ist das Malz, die Hefe steuert den Gärprozess, und der Hopfen ist sowohl für die Konservierung als auch für eine feste Blume ausschlaggebend.

Bier im Internet

▪ **www.beerparadise.be:** Homepage der Konföderation der Brauereien Belgiens mit vielen Links.
▪ **www.belgianshop.com/en/:** Internethändler, u.a. für belgisches Bier.

Bierlexikon

Abdijbier: Obergäriges, dunkles, kräftiges Abteibier mit mindestens 6 % Alkoholgehalt.

Bière des Ours: Mit Honig aromatisiertes »Bären-Bier« aus Binche.

Blanche: Junges, ungefiltertes Weizenbier, meist aromatisiert mit Koriander und Orangenschalen.

Lambic/Lambiek: Ein vergorenes Weizenbier aus der Brüsseler Region, das drei Jahre im Fass nachreift.

Geuze: Leichtes, süffiges Lambic, das im Champagnerverfahren (Flaschengärung) hergestellt wird.

Kriek: Ein Lambic-Bier, dem während des Reifeprozesses Schaerbeeker Kirschen zugesetzt werden.

Pils: Bei niedrigen Temperaturen (5–9° C) vergorenes, helles Gerstenbier mit geringem Alkoholgehalt.

Saison: Leichtes, nur kurz gelagertes helles Bier mit dezentem Karamellgeschmack und maximal 6,5% Alkohol.

Trappistbier: In einer Zisterzienserabtei gebrautes untergäriges, dunkles Spezialbier nach traditioneller Rezeptur.

Belgische Braukunst

Biermuseen und Schaubrauereien

So gut wie jedes Dorf besitzt in Belgien seine eigene Mini-Brauerei. Und ganz selbstverständlich endet jede Besichtigung mit einer deftigen Bierprobe in der hauseigenen Brasserie.

■ **Geuzemuseum Brauerei Cantillon**, 56, rue Gheude, 1070 Bruxelles, Tel. 02/521 49 28, Öffnungszeiten Mo–Fr 8.30–17 Uhr, Sa 10–17 Uhr.
■ **Brauereimuseum** im Zunfthaus der Bierbrauer, Grand Place, 1000 Bruxelles, Tel. 02/511 49 87, tgl. 10–17 Uhr.
■ **Schaerbeeker Museum**, 33/35, av. L.-Bertrand, 1030 Bruxelles, Tel. 02/243 86 03, Öffnungszeiten Mi, Sa 14–18 Uhr.

■ **Dampfmaschinenbrauerei**, 1, rue du Maréchal, 7904 Pipaix en Hainaut, Tel. 069/66 20 47. Öffnungszeiten Mi–So 10–19 Uhr.
■ **Brasserie des Bocqs**, 4, rue de la Brasserie, 5330 Purnode, Tel. 082/61 07 80, Führungen auf Anfrage.
■ **Bières de Chimay**, 8, route Charlemagne, 6464 Bailleux-Chimay, Tel. 060/21 03 11, Führungen tgl. 10 und 14 Uhr.
■ **Brasserie Caracole**, 86, Côte Marie-Thérèse, 5500 Falmignoul/Dinant, Tel. 082/74 40 80, Öffnungszeiten tgl. 10–23.30 Uhr.

Geuze-Tour

Stadtspaziergänge zu Themen wie »Brüsseler Bier« oder »Wenn Kneipen erzählen« bietet das Zentrum für ökonomische und soziale Geschichte **La Fonderie** an. Zum Programm einiger dieser Touren gehört ein warmes Essen in einem landestypischen Restaurant. Geboten werden Gerichte wie Kaninchen in Biersoße oder der berühmte Coq à la bière.

■ **La Fonderie:** 27, rue Ransfort, 1080 Bruxelles, Tel. 02/410 99 50, E-Mail: lafonderie@freegates.be.

Offener Brautag

Rund 30 Betriebe der Vereinigung der belgischen Brauereien präsentieren alljährlich im September auf der Grand Place in Brüssel ihre neuesten süffigen Kreationen.

■ **Infos: TIB,** Hôtel de Ville, Grand Place, 1000 Bruxelles, Tel. 02/513 89 40, Fax 514 45 38.

Abtei für Genießer

In den mittelalterlichen Sälen der Prämonstratenserabtei **Floreffe**, 17 km südwestlich von Namur, werden zu den unterschiedlichsten Bieren aus der Klosterbrauerei auch Käse, Pasteten und Forellen aus eigener Produktion serviert.

■ **Abbaye Floreffe,** Ass. Royale des Anciens, 2, rue du Séminaire, 5150 Floreffe, Tel. 081/44 53 03.

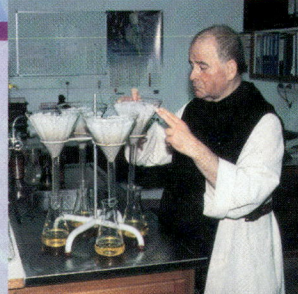

Stille Welt der
frommen Frauen

Ab dem Ende des 12. Jhs. entwickelte sich in den katholischen Regionen der
Niederen Lande diese spezielle Form der Wohn- und Lebensgemeinschaften.
Drohte die Heirat mit einem ungeliebten Mann, reichte der Familienbesitz
nicht für die Mitgift oder war der Ehemann schon früh verstorben, dann gab
es für Frauen im Mittelalter nur eine Alternative: Kloster oder Beginenhof. Im
Gegensatz zu den Nonnen legten die gläubigen und keusch lebenden Beginen
jedoch kein Armutsgelübde ab, wählten ihre Grande Dame demokratisch und
konnten jederzeit wieder austreten. So viel weibliche Selbstständigkeit war
der katholischen Kirche ein Dorn im Auge, und so wurden diese Frauen oft als
Ketzerinnen diffamiert. Heute gibt es nur noch wenige Beginen, die meisten
Wohnhöfe wurden zu Altersheimen umfunktioniert. Einige wenige dieser
Häuschen rund um einen Innenhof sind aufgrund ihres nostalgischen Flairs
heiß begehrte Wohnadressen.

Stift von Lier

Ein ganzes Viertel mit malerischen Gassen und idyllischen Hausgärten umfasst
das große Stift von Lier (S. 83). 150 Wohnungen liegen hinter dem schmucken
Barockportal und den mit Spitzengardinen zugehängten Fenstern. Die Häuser
tragen so fantasievolle Namen wie »Stall von Bethlehem« oder »Weinberg des
Herrn«. Zauberhaft ist die Stimmung an einem spätsommerlichen Nachmittag,
wenn die letzten Sonnenstrahlen die Fassaden in ein warmes Rotgelb tauchen
und sich so manche Katze auf dem Fensterbrett räkelt.
▌**Begijnhof,** Zimmerplein, 2500 Lier.

Fürstlicher Hof in Brügge

Pappeln rauschen leise im Wind vor den weißen Häusern jenseits der Dijver-brücke. Vor den Sprossenfenstern drängen sich neugierige Besucher, um einen Blick auf die Benediktinerinnen zu werfen, die ihren täglichen Aufgaben nach-gehen. Ora et labora – bete und arbeite –, die Ordensregel des hl. Benedikt be-stimmt seit 1930, nach dem Tod der letzten Begine, in Ten Wijngaarde (Zum Weingarten) den Tagesablauf. Der berühmteste Beginenhof (S. 43) ist eine Stiftung der flandrischen Gräfin Johanna von Konstantinopel aus dem 13. Jh. Die bis heute erhaltenen Bauten stammen aus dem 17. Jh.

▌ **Ten Wijngaarde:** April–Sept. tgl. 10–12 und 13.45–17 Uhr.

Hof der Stille

Nicht immer verlief das Leben der frommen Frauen ohne Spannun-gen mit der Obrigkeit. In der Tuchmacherstadt Dendermonde (S. 80) ist verbürgt, dass einige Beginen im Hof der Stille ihrer Anlage mit so viel Enthusiasmus Schlagball spielten, dass diese sportliche Betätigung im 16. Jh. von Fürst Philipp dem Guten kurzerhand ver-boten wurde. Heute ist der etwas versteckt liegende **Beginenhof Alexius** ein Ort der Besinnung in der flandrischen Stadt.
▌ **Beginenhof Alexius,** Brusselstraat, Dendermonde.

Bürgerinitiative Het Convent

Um den 1380 gegründeten Beginenhof von Hoogstraat (südlich von Breda an der A 1, Ausfahrt Leonhout) vor dem Verfall bzw. vor dem Abriss durch Bauspekulanten zu retten, griff die Bürger-initiative Het Convent 1991 selbst zur Maurerkelle. Inzwischen haben die Bewohner ihre 37 Häuschen liebevoll restauriert und wurden dafür mit mehreren Denkmalschutzpreisen ausgezeichnet.

Weltkulturerbe:

Folgende Beginenhöfe zählen zum UNESCO-Weltkulturerbe: Lier (S. 83), Mechelen (S. 80 f.), Turnhout (nördl. von Antwerpen an der N 12), Sint-Truiden (S. 58), Tongeren (S. 59), Dendermonde (S. 80), Gent (S. 47), Sint-Amands-berg in Gent (S. 47), Leuven (S. 71), Diest (S. 69), Brügge (S. 43) und Kortrijk (S. 86).

Handeln
um jeden Preis

Im kleinen Land der angeblich hundert Floh-
märkte besitzt der Handel mit Kitsch, Kunst
und Gerümpel Kultstatus. Während der Kolo-
nialzeit müssen sich die belgischen Haushal-
te offensichtlich reichlich mit allerlei exoti-
schem Hausrat und dekorativem Krimskrams
aus aller Welt eingedeckt haben, der dann,
ausgemustert, in Kellern und Speichern über
die Jahre Patina ansetzte. Als dann während

Tipp Schon vor der Reise
lohnt es sich, in
dem prächtigen Bildband
**Belgien – Menschen, Märk-
te, Milieu** von Siegfried
Himmer und Rosine de Dijn
aus dem Eupener Grenz-
Echo Verlag zu blättern.

der ersten Wirtschaftskrise Anfang der 1980er Jahre das Geld knapp wurde,
entrümpelten viele ihre Familiendepots und machten die verstaubten Erb-
stücke erstmals auf Straßenmärkten zu Geld. Seitdem gehört der wöchent-
liche Antik- und Flohmarkt in vielen Städten des Landes zum Straßenbild.
Die Lust am Stöbern und Feilschen kennt keine Grenzen, auch wenn echte
Schnäppchen nur noch selten zu finden sind.

Auf Schnäppchenjagd

Markttag in Belgien bedeutet in erster Linie Spaß am Feilschen. Dabei
ist es völlig egal, ob es sich beim Objekt der Begierde um Uromas
Nähtischchen, Blechspielzeug mit Sammlerwert, die gebrauchte
Küchenmaschine jüngeren Datums oder schlicht um frisches Obst und
Gemüse handelt. Es ist die Lust am witzigen und wortgewandten Spiel
des Bietens und Unterbietens.

Viktualienmärkte

Im Frühling werden alljährlich in Tourinnes St-Lambert kostenlos exotische Kürbissamen an die Hobbygärtner vor Ort mit dem Hintergedanken verteilt, dass diese sich dann möglichst zahlreich im September an den Wettbewerben um den schönsten Kürbis beteiligen. Immerhin kennt der Fachmann 460 Sorten, die nicht nur gut aussehen, sondern auch lecker schmecken, wie das kulinarische Rahmenprogramm beweist.

▌**Kürbismarkt,** Anfang September in Tourinnes Saint-Lambert (rund 20 km nordwestlich von Namur an der A4/E 411). Info: Tel. 02/35 11 200.
▌**Nussmarkt,** Anfang Dezember im Ardennenstädtchen Bastogne. Info: Tel. 061/24 09 61.
▌**Schokoladenmarkt,** Anfang April in Durbuy. Info: Tel. 086/21 36 81.
▌**Wallonischer Landmarkt,** Anfang Juni in Vieres-sur-Viroin. Info: Tel. 060/31 16 35.

Flohmärkte

▌**Tongeren:** Jeden Sonntag vom Morgengrauen bis 13 Uhr entlang der Stadtmauer.
▌**Brüssel:** Täglich am Place du Jeu de Balle in den Marollen, am Wochenende überlaufen.
▌**Antwerpen:** Samstag 9–17 Uhr Antiquitätenmarkt am Lijnwaadmarkt, Sonntag bis 13 Uhr Trödelmarkt in der Altstadt rund um das Theater.
▌**Brügge:** Jedes Wochenende am Dyver, von Juli–Sept. jeweils am ersten Sonntag im Monat von 7–19 Uhr Zaandfesten, Flanderns größter Floh- und Antikmarkt.
▌**Gent:** Jedes Wochenende von 7–13 Uhr am Sint-Jacobs- und Beverhoutplein. Vieres-sur-Viroin. Info: Tel. 060/31 16 35.

Bücherdorf Redu

Das kleine Dorf Redu in den Ardennen ist alljährlich zweimal internationaler Treffpunkt für Bibliophile aus aller Welt. Über 200 Buchhändler und Verleger präsentieren dort ihr Angebot. Termine sind das Bücherfest Mitte April und die Nacht des Buchs am ersten Samstag im August.
Infos: Tourismusbüro, 63, pl. de l'Esro, 6890 Redu, Tel. 061/65 65 16.

Weihnachtsmärkte

Zuckerguss und Glitzerschnee, Feuerwerk und Rauschgoldengel halten in der Adventszeit natürlich auch in den belgischen Städten Einzug. Besonders aufwändig und malerisch gestaltet ist der Europäische Weihnachtsmarkt auf der Grand Place in Brüssel. Zu den Attraktionen zählen auch die viel besuchte Budenidylle im Beginenhof von Lier und der Brügger Weihnachtsmarkt, der nicht nur mit Lametta und Glühweinständen, sondern auch mit einer Eislaufbahn die Besucher anlockt.

Unbekanntes Belgien?

Wer will schon nach Belgien fahren? In ein Land, das den Ruf hat, langweilig zu sein? Dutzende von Autobahnen durchziehen es, die nachts so hell beleuchtet sind, dass sie den Astronauten als Orientierungshilfe dienen.

Der immer wieder aufflammende Sprachenstreit, herausragende Radrennfahrer, knusprige Fritten und Comicfiguren wie Tim und Struppi – man weiß, das ist Belgien. Brüssel, Gent, Brügge, Antwerpen – das sind Kunststädte von Rang, aber sonst? Sonderbar unbekannt ist das Land im Herzen Europas, Sitz der wichtigsten Institutionen der EU.

Lage

Belgien auf der Landkarte: Man findet es an der Kanalküste, eingerahmt von den Niederlanden, von Deutschland, Luxemburg und Frankreich. Es ist in etwa ein dreieckiger Fleck, der nur wenig mehr Platz beansprucht als das Bundesland Brandenburg. In der Bevölkerungsstatistik hingegen rangiert Belgien ganz oben – mit 333 Einwohnern pro Quadratkilometer gehört es zu den am dichtesten besiedelten Gegenden Europas.

Waldlandschaft der Ardennen

So klein das Land auch ist, so mannigfaltig sind die Landschaften, die es prägen: Im Südosten, geographisch dem Rheinischen Schiefergebirge zugehörig, erhebt sich das bewaldete Mittelgebirge der Ardennen mit Schluchten und Höhlen. Die Maas, einer der bedeutendsten Flüsse Europas, durchfließt es. Belgiens höchste Erhebungen liegen im Osten, nahe der deutschen Grenze, wo wasserundurchlässige Schieferböden eine weite Hochmoorfläche, das Hohe Venn, geschaffen haben. Auf den Anhöhen der Ardennen stehen festungsartige Gehöfte aus dunkelgrauem Stein, denen grüne oder rote Türstöcke und Fensterrahmen einen Hauch Fröhlichkeit verleihen.

Die Niederen Ardennen, durch die Landschaftsnamen Condroz, Famenne und Herveland markiert, schließen sich mit ihren hügeligen Hochflächen und den tief eingeschnittenen Flüssen Ourthe, Semois, Amblève und Lesse

Geheimtipp Europas?

Romantische Schluchten in den Ardennen, Dünenlandschaften an der Nordseeküste, idyllische Kanäle, an denen man so wunderbar entlangradeln kann, kleine Städtchen mit gemütlichen Marktplätzen und Restaurants mit unzähligen Köstlichkeiten – Belgien ist für manche Überraschung gut.

im Westen an – eine milde, fruchtbare Landschaft mit Feldern und Obstbaumplantagen. Nur im Südwesten, in der Borinage, hat man die Erde auf der Suche nach Steinkohle schon im vorletzten Jahrhundert aufgerissen.

Hügel, Felder und die See

Nach Norden zu breiten sich die ebenfalls hügeligen Landstriche Südbrabants und des Haspengaus aus, mit ihren schweren Lehmböden außerordentlich fruchtbare Gebiete.

Karger wird das Bild in der welligen Heidelandschaft des Kempenlandes an der Grenze zu den Niederlanden. Die Aufforstung und die Einrichtung von Bewässerungssystemen haben den Anbau einer breiteren Palette von Feld- und Ackerfrüchten, vor allem aber die Zucht von Schnittblumen möglich gemacht.

Nach Westen zu gehen die Hügel Mittelbelgiens über in das offene Tiefland Westflanderns mit weiten, von kleinen Entwässerungskanälen durchzogenen Wiesenflächen. Der 67 km lange Sandstrand mit bis zu 30 m hohen Dünen schließt das Land zur Nordsee hin ab.

Klima und Reisezeit

Was das Wetter betrifft, so hat Belgien keine Sensationen zu bieten: Seeklima mit mäßig heißen Sommern und milden Wintern. Schnee fällt höchstens in den Ardennen, die dann prächtige Langlaufmöglichkeiten bieten. Der Golfstrom sorgt dafür, dass an der Küste keine extremen Temperaturschwankungen zu erwarten sind, doch die vorherrschenden Westwinde bringen immer wieder Regenwolken mit sich. Als Reisezeit kann man daher, je

nach Interessenschwerpunkt, fast das ganze Jahr empfehlen: Für Städtetouren bieten sich vor allem Frühjahr und Herbst an, wenn auch die meisten Kulturveranstaltungen stattfinden, die Ardennen und die Küstenregion sind sowohl im Sommer als auch im Winter beliebte Ziele.

Natur

Von ursprünglicher Natur ist in der dicht besiedelten Kulturlandschaft Belgiens kaum mehr etwas erhalten,

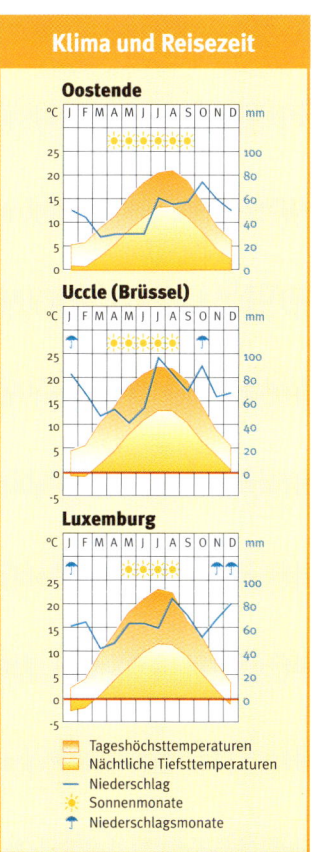

Klima und Reisezeit

Oostende

Uccle (Brüssel)

Luxemburg

Tageshöchsttemperaturen
Nächtliche Tiefsttemperaturen
Niederschlag
Sonnenmonate
Niederschlagsmonate

Eine Sprache, die jeder versteht …

Karneval in Brügge

zu sehr haben die ausufernden Ballungsgebiete, die überall hervorschießenden Industrieansiedlungen und nicht zuletzt die intensive Landwirtschaft ihren Tribut gefordert. Nur an wenigen Stellen, streng geschützt und sorgfältig aufbereitet, ist noch ein letzter Rest »Natur« zu besichtigen, so etwa im Naturpark Hohes Venn, einem Hochmoor mit einzigartiger Vegetation, in der Kalmthoutse Heide im Kempenland, im Vogelschutzgebiet Het Zwin in den Dünen nahe Brügge oder in einigen Teilen der Ardennen, wo Wildschweine, Rehe und manchmal sogar ein kapitaler Hirsch durch die Wälder streifen. Doch auch so manche künstlich angelegte Landschaft hat ihren Reiz: Zum Beispiel die Forêt de Soignes südlich von Brüssel mit ihren Buchen- und Eichenwäldern.

Bevölkerung und Sprache

»Belgier«, lautet ein geflügeltes Wort, »gibt es gar nicht.« Die Bevölkerung von 10,3 Mio. zerfällt – das Wort ist bewusst gewählt – in rund 56 % Niederländisch sprechende Flamen und etwa 32 % Französisch sprechende Wallonen; dazu kommen die annähernd 67 000 deutschsprachigen Einwohner in den Ostkantonen.

Ein hoher Prozentsatz an Einwanderern (847 000 aus 112 Ländern) trägt zum Sprachengemisch bei. Doch der Sprachenstreit (S. 15) findet ausschließlich zwischen den Wallonen und Flamen statt.

Mehrere Verfassungsreformen haben seit den 1970er Jahren versucht, beiden Sprachgruppen mehr Eigenständigkeit einzuräumen. Am deutlichsten tritt das Sprachenproblem in der Region Brüssel zutage. In der Stadt spricht man Französisch, im Umland Flämisch. Doch mit jeder Familie, die umzieht, ändert sich das traditionelle Gefüge, und so bleibt es nicht aus, dass immer wieder aufs Neue handfeste Probleme den ganz normalen Alltag bestimmen: In welcher Sprache wird der Schulunterricht abgehalten? Die Gemeinderatssitzung? Welches ist die Amtssprache?

Ewige Hochzeit

Vorchristliche Wurzeln haben die bei Karnevalsumzügen häufig mitgeführten Riesenfiguren. Bis zu 3 m groß, marschieren sie an der Spitze vieler Paraden. Die berühmtesten Riesen sind wohl die aus Ath – es ist ein »Ehepaar«, das jedes Jahr aufs Neue Hochzeit feiert.

Brauchtum und Feste

In kaum einem anderen Land Europas wird so viel gefeiert wie in Belgien. Volksfeste, Jahrmärkte, Umzüge und Prozessionen überziehen von Ostern bis in den Herbst hinein das Land mit bunter Fröhlichkeit. An erster Stelle stehen in dem stark katholisch geprägten Land die religiösen Feste: Die prominentesten sind die Heilig-Blut-Prozession in Brügge, ein feierliches Spektakel mit Teilnehmern in historischen Kostümen, sowie der »Ommegang« in Brüssel, eine Mischung aus Prozession (Marienverehrung) und folkloristischem Umzug. Auch den Karneval begeht man, und zwar so ausgelassen wie im Rheinland, in vor allem in der Wallonie und in den Ostkantonen sowie in einigen Küstenstädte (s. S. 19).

Wirtschaft

Nach dem Niedergang der Kohlen- und Stahlindustrie im wallonischen Condroz, der das Land in eine tiefe Krise stürzte, hat sich seit den 1960er Jahren ein umfassender Strukturwandel vollzogen. In Limburg und Ostflandern haben sich Betriebe angesiedelt, deren Schwerpunkt auf neuen Technologien liegt: Software, Elektronik, Biochemie. Antwerpen ist nicht nur eine der bedeutendsten Hafenstädte der Welt, sondern auch

Der Sprachenstreit

Der schwer lösbare Konflikt, der mehrere belgische Regierungen zu Fall brachte, reicht weit in die Geschichte des Landes zurück. Während der Blütezeit Flanderns und Brabants, die bis ins 16. Jh. andauerte, war das Niederländische die Sprache der wohlhabenden Kaufleute, der Handwerker und Gebildeten.

Im Verlauf der Religionskriege flüchteten die meisten von ihnen, die dem Protestantismus anhingen, in die Niederlande oder nach Großbritannien. Die flandrischen Landstriche verwaisten, die zurückgebliebenen Bevölkerungsschichten verfielen nach und nach in ihre alten, regional gefärbten Dialekte. Lesen und Schreiben, einst eine Selbstverständlichkeit, war bald nur noch einer Minderheit geläufig. Mittlerweile waren die wallonischen Regionen vor allem durch die Kohlevorkommen wirtschaftlich zur Macht gelangt. Französisch wurde nun zur Herrschaftssprache, und auch die nationale belgische Revolution 1830 wurde von den Frankophonen getragen.

Erst durch Schriftsteller wie Guido Gezelle und Hendrik Conscience wurde das Bewusstsein der Flamen für ihre kulturelle Identität wieder geweckt. Sie vereinten die bäuerlich gefärbten Dialekte zu einer Schriftsprache, und langsam, gegen viele Widerstände, errang das Flämische den Rang einer gleichberechtigten Landessprache.

Seitdem die flämischen Landesteile die wallonischen auch wirtschaftlich überflügelten, haben sich die Machtverhältnisse nahezu umgekehrt.

das Zentrum der chemischen und Erdöl verarbeitenden Industrie. Ein weiterer bedeutender Erwerbszweig ist hier angesiedelt: die Diamantenindustrie. Vier Diamantenbörsen verhelfen Brüssel zum Ruhm eines Welthandelszentrums für die edlen Steine. Und seit einigen Jahren sorgt zudem die Kreativität junger Modemacher für flippige Glanzpunkte im (Wirtschafts-) Leben der EU-Hauptstadt. Die Landwirtschaft spielt eine erstaunlich wichtige Rolle für das dicht besiedelte Land. Zwar sind weniger als 3 % der Erwerbstätigen in diesem Sektor beschäftigt, doch ist der hochintensive und stark rationalisierte Gemüseanbau seit langem eine belgische Spezialität. Den größten Beitrag zum Bruttosozialprodukt – etwa 68 % – steuert der Dienstleistungssektor bei.

Kaiser Karl V., gemalt von Peter Paul Rubens

Staatsform

Belgien ist eine konstitutionelle Monarchie mit einem König an der Spitze. Seit 1993 hat Albert II dieses Amt inne. Ein Zweikammernparlament regiert das Land. Im Parlament hat seit Juni 1999 ein buntes Mitte-Links-Bündnis

unter Premierminister Guy Verhofstadt das Sagen. Seit den Verfassungsreformen der 1980er Jahre, die durch zunehmende Spannungen zwischen dem wallonischen und dem flämischen Teil notwendig wurden, hat sich das ursprünglich stark zentralistisch regierte Land zu einem Bundesstaat gewandelt. Zug um Zug erhielten die »Räte« der drei Sprachgemeinschaften immer weitergehende Kompetenzen zugeteilt, z. B. in den Bereichen Kultur, Erziehungswesen oder Umweltschutz.

Die Autonomiebestrebungen in beiden Landesteilen werden meist von den immer stärker werdenden Ultrarechten verfolgt.

Belgien ist in neun Provinzen gegliedert: Antwerpen, Ostflandern, Westflandern und Limburg (flämischsprachig); Namur, Liège, Hainaut (Hennegau) und Luxembourg belge (frankophon); Brabant (Hauptstadt: Brüssel) ist offiziell zweisprachig. Seit 1988 ist Belgien eine Föderation mit den Regionen Flandern, Wallonien und Brüssel-Stadt. Brabant besteht aus einem flämischen und einem wallonischen Teil.

Steckbrief

Fläche: 30 528 km².
Einwohner: 10,3 Mio.
Bevölkerungsdichte: 333 Einw. pro km².
Höchste Erhebung: Signal de Botrange (694 m).
Religion: 82 % Katholiken; 270 000 Muslime; 50 000 Protestanten; 35 000 Juden.
Sprache: 56,3 % Flämisch; 32,5 % Französisch; 0,7 % Deutsch.

Geschichte im Überblick

1. Jahrtausend v. Chr. Keltenstämme besiedeln Westeuropa.

57 v. Chr. Cäsars Soldaten unterwerfen die Gallier, darunter den Stamm der »Belgae«. Gründung der Provinz Gallia Belgica.

3.–5. Jh. Die Franken überschreiten den Rhein und besiedeln Gallien. Die Christianisierung beginnt.

721 Gründung des Bistums Lüttich.

843 Teilung des Frankenreiches. Die Schelde wird Grenzfluss zwischen Flandern und der Wallonie, die nun zu »Lotharingien« gehört.

11. Jh. Der Aufbau des Tuchhandels bringt Flandern einen gewaltigen wirtschaftlichen Aufschwung.

1302 In der »Schlacht der Goldenen Sporen« bei Kortrijk besiegen schlecht bewaffnete flämische Bauern, Handwerker und Bürger ein französisches Ritterheer.

1369 Margarethe, die Tochter des letzten Grafen von Flandern, heiratet Philipp den Kühnen von Burgund. Flandern wird burgundisch.

15. Jh. Die Herzöge von Burgund erobern und erwerben das ganze Gebiet des heutigen Belgien: wirtschaftlicher Aufschwung und kulturelle Hochzeit.

1425 Die Universität von Löwen (Leuven) entwickelt sich zum europäischen Zentrum für Rechtswissenschaft.

1477 Maria, die Tochter und Erbin des letzten Herzogs von Burgund, heiratet Maximilian von Österreich. Die »Niederen Lande« fallen an die Habsburger.

1541 Mercator zeichnet die erste Landkarte von Flandern.

1555 Karl V. muss nach seiner Niederlage gegen die protestantischen deutschen Fürsten zugunsten seines Sohnes Philipp II. von Spanien auf die »Niederen Lande« verzichten.

1566 Der spanische Herzog von Alba wird in die Niederlande geschickt. Als Vertreter der Inquisition errichtet er eine Schreckensherrschaft, die Tausende von protestantischen Bürgern zur Auswanderung zwingt.

1579 Die sieben nördlichen protestantischen Provinzen, die heutigen Niederlande, schließen sich in der Utrechter Union zusammen und erklären 1581 ihre Unabhängigkeit.

1648 Westfälischer Friede: Spanien erkennt die Unabhängigkeit der Nordprovinzen an. Belgien bleibt spanisch.

1667 Der französische König Louis XIV erobert Teile Flanderns und des Hennegaus. Lille wird französisch.

1701–1713 Der Spanische Erbfolgekrieg macht Belgien zu einem Schlachtfeld. Im Frieden von Aachen werden Belgien und Luxemburg Österreich zugesprochen.

1795 Das revolutionäre Frankreich annektiert Belgien und Luxemburg, die bis zum Sturz Napoleons französisch bleiben.

1815 Schlacht von Waterloo, letzte Niederlage Napoleons. Eupen und Malmédy fallen an Preußen. Die Niederlande und Belgien werden zum Königreich der Vereinigten Niederlande unter Wilhelm I. von Oranien.

1830/31 Revolution in Brüssel; Unabhängigkeit Belgiens als neutrales Königreich unter Leopold von Sachsen-Coburg.

Geschichte im Überblick

1839 Unabhängigkeit Luxemburgs.

1881 König Leopold II. erwirbt den Kongo als persönlichen Besitz und macht Belgien zur Kolonialmacht.

1914–1918 Deutsche Truppen marschieren in Belgien und Luxemburg ein.

1940–1944 Im Zweiten Weltkrieg marschieren erneut deutsche Truppen in Belgien ein. Bei Ausbruch des Krieges flüchtet die Regierung nach England, König Leopold III. wird nach Deutschland deportiert. 1944 wird Belgien von den Alliierten befreit.

1948 Zoll- und Wirtschaftsunion der Beneluxstaaten.

1957 Beitritt zur Europäischen Wirtschaftsgemeinschaft.

1971 und **1980** Durch Verfassungsreformen soll beiden Sprachgruppen mehr Autonomie in Wirtschaft und Kultur gesichert werden.

1993 Am 31. Juli stirbt König Baudouin I. Am 9. August wird sein Bruder Albert II. vereidigt.

1996 Ein Justizskandal scheint Wallonen und Flamen zu spalten. Gefahr einer Staatskrise.

1999 Der Dioxin-Skandal führt für die seit Jahrzehnten regierenden Christdemokraten zum Verlust der Macht. Die Parlamentswahlen gewinnt ein Mitte-Links-Bündnis, das durchgreifende Reformen verspricht.

2001 Kronprinz Philippe und seine Frau Mathilde sichern mit der Geburt ihres ersten Kindes den Fortbestand der belgischen Dynastie.

Kultur gestern und heute

Das künstlerische Schaffen hatte auf dem Gebiet des heutigen Belgien in den meisten Epochen günstige Bedingungen. Bedeutende Klöster und mächtige Kirchenfürsten gaben im Mittelalter Kunstwerke von hohem Rang in Auftrag. Ihrem Beispiel folgten die meist durch den Handel reich gewordenen Städte, aber auch einzelne Ratsherren, Zunft- und Gildemeister sowie wohlhabende Kaufleute drängte es zur repräsentativen Darstellung durch prachtvolle Bauwerke und teure Gemälde.

Bereits vor dem Jahr 1000 wurden in und um Lüttich, dem ersten Bistum des Landes, Werke von hoher Qualität geschaffen. Unter anderem sind Buchdeckel aus Silber und Elfenbein sowie Buchmalereien aus dieser Zeit erhalten. Eine Glanzleistung der frühen Epoche ist das mit vielen ausdrucksvollen, fast vollplastischen Figuren geschmückte Taufbecken der Kirche St-Barthélémy in Lüttich, das 1115 von Renier de Huy gegossen wurde.

Großartige Baukunst

Das herausragende Bauwerk der romanischen Epoche ist die fünftürmige Kathedrale von Tournai, an der ab 1141 gebaut wurde. Horizontal gegliedert steht das Langhaus da.

Gleichzeitig entstanden gotische Kirchen in einem völlig neuen Baustil: Elegant in die Höhe wachsende Bündelpfeiler sind die tragenden Elemente, dank ausgeklügeltem Strebewerk wurde es möglich, große Fenster in die Wände zu brechen und die nun lichten Räume in magisches, farbiges

Licht zu tauchen. Vor allem der in Flandern hervorgebrachte Flamboyantstil war wie geschaffen für prächtige Repräsentationsbauten. Die Rathäuser in Leuven und Oudenaarde sind die berühmtesten Beispiele dafür, aber auch die Tempel des Handels, Tuch- und Fleischhallen, wuchsen im neuen Stil empor. Sie erinnern in ihren eleganten Formen mit dem überreichen, zierlichen Schmuck an die filigranen Produkte der Silber- und Goldschmiedekunst, die ebenfalls in dieser Epoche zur Blüte kam. Nicolas de Verdun und Hugo d'Oignies (Schatzkammer in Namur) waren die berühmtesten Goldschmiede ihrer Zeit.

Tafelbilder – Dinanderien

Im 15. Jh. entstanden auch die großartigen Tafelbilder von Rogier van der Weyden, Jan und Hubert van Eyck (Genter Altar) und Hans Memling. Sie bestechen durch ein neues Verhältnis zur Realität, die, oft eingebunden in die Darstellung des christlichen Heilsgeschehens, detailliert wiedergegeben wird. Der Goldgrund wird zugunsten der Landschaftsdarstellungen aufgebrochen, die Abbildungen von Gesichtern sind ausdrucksstark und zielen auf den Charakter des Modells; die Oberflächen sind so exakt gemalt, dass man sie anfassen möchte, um das Material zu spüren.

Die wohlhabenden Städte stellen nun – in Analogie zu den Königs- und Fürstenhäusern – eigene Stadtmaler an, die zu festgelegten Bedingungen für sie arbeiten. Der Norden ist maßgeblich an der Ausbildung des Porträts als Bildgattung beteiligt. Neben bzw. in Verbindung mit der Malerei blüht in Oudenaarde, Brüssel und Tournai, begünstigt durch die Aufträge der Herzöge von Burgund, die Bildweberei. Messingarbeiten aus Dinant, »Dinanderien«, sind als Leuchter, Taufbecken und Lesepulte im ganzen Land sehr begehrt.

Feste & Veranstaltungen

Karneval: Ausgelassene Feiern mit Umzügen u. a. in Stavelot, Binche, Aalst, Eupen und Malmédy.
Ostern: Am Karfreitag großer Blumenmarkt in Tournai.
Mai: Letztes Wochenende: Jazz-Rallye in Brüssel. Himmelfahrtstag: Heilig-Blut-Prozession in Brügge, Hanswijck-Prozession in Mechelen.
Juni: Am zweiten Sonntag Umzug mit 15 Riesen inklusive Blumenkorso und Festival der Militärmusik in Tournai.
Juli: Erster Donnerstag »Ommegang« in Brüssel auf der Grand' Place; Festival Francofolies in Spa für zeitgenössische Musik aus dem französischen Sprachraum; letzter Sonntag: Bußprozession in Veurne.
August: Sandskulpturenfest von Zeebrügge; letzter Sonntag Riesenhochzeit in Ath; Riesenumzug in Dendermonde sowie Bogenschützentreffen am Grote Markt in Oudenaarde.
Alle zwei Jahre am 15.: Blumenteppich in Brüssel. Festival von Flandern (bis November).
September: Erstes Wochenende: Pestprozession in Tournai, Internationales Jagdfest in St-Hubert; erster Sonntag: »Monumentendag« (Tag der offenen Tür) in ganz Belgien.

Renaissance – Barock

Im 16. Jh. trat Antwerpen die Nachfolge der Welthandelsstadt Brügge an. In den gebildeten Schichten verbreitete sich das Ideengut des Humanismus – u. a. durch die Bücher des Antwerpener Druckhauses Plantin. Hier entstand mit dem Rathaus auch das erste Gebäude im Stil der flämischen Renaissance, die die Formensprache der Antike aufgriff: Giebel und Säulen, Obelisken und Kartuschen gliederten die Fassaden der Repräsentationsbauten. Der größte Maler jener Zeit war Pieter Brueghel d. Ä.

Die Büste des Schriftstellers Georges Simenon steht in Lüttich

Es war aber auch die Epoche des Umbruchs. Protestantischer Bildersturm, Unabhängigkeitskriege und französische Besetzung hinterließen geplünderte Kirchen, die im 17. Jh. in den Formen des Barock renoviert wurden: neue Altäre, Kanzeln und repräsentative Grabmäler entstanden. Der Marktplatz von Brüssel wurde zu einem der großartigsten Beispiele barocken Städtebaus umgestaltet. Peter Paul Rubens (1577–1640) richtete in Antwerpen sein Atelier ein und befruchtete mit seinem Lebenswerk die europäische Kunst (s. S. 37).

Henry van de Velde und Victor Horta diesem Stil bis ins letzte Detail der Einrichtung treu blieben.

In der Malerei des 20. Jhs. feierte der Surrealismus von René Magritte und Paul Delvaux Triumphe; einzigartig sind die Werke von James Ensor. In der Literatur sind große Persönlichkeiten vertreten: Maurice Maeterlinck (Literaturnobelpreis 1911), Georges Simenon und Marguerite Yourcenar sind die anerkanntesten unter den Schriftstellern. Jacques Brel mit seinen Chansons sei stellvertretend für die Musikszene des 20. Jhs. genannt.

Historismus – Jugendstil

Nach einer Epoche des wirtschaftlichen und künstlerischen Niedergangs verlangte erst Ende des 19. Jhs. der neu geschaffene belgische Staat wieder nach repräsentativen Prachtbauten. Der Historismus mit seiner Synthese aus Versatzstücken früherer Stile – exemplarisch am monströsen Brüsseler Justizpalast zu studieren – kam diesem Bedürfnis entgegen. Zugleich entstanden, vor allem in der Hauptstadt, elegante, kapriziöse Jugendstilbauten, deren Architekten

Comics im Original

Gezeichnete Abenteurer wie Tim & Struppi von Hergé oder Lucky Luke und die Daltons von Morris haben im Brüsseler Warenhaus Maison Waucquez, Zandstraat 20, ein überaus nobles Logis gefunden. Das größte **Comic-Museum** der Welt zeigt hier Originalentwürfe und Raritäten sowie ein Studio für Zeichentrickfilme (tgl. außer Mo 10–18 Uhr).

Essen und Trinken

Die belgische Küche ist eine gelungene Mischung aus der aufwändigen, gehaltvollen bürgerlichen Küche der wohlhabenden Kaufleute Flanderns und Brabants sowie dem Raffinement der französischen Kochkunst.

Derzeit darf sich die belgische Gastronomie mit drei Drei-Sterne-Restaurants schmücken: Es sind **Comme chez soi** und **Bruneau** in Brüssel sowie **De Karmeliet** in Brügge. Elf Häuser sind nach Überzeugung der Feinschmecker-Bibel Guide Michelin zwei Sterne und damit dem Gourmet bestimmt einen Umweg wert.

In Belgien, dem Land der Biere, werden 400 verschiedene Marken angeboten

Tipp Einen interessanten Wegweiser zum Thema Gaumenfreuden und Tafelkunst in Belgien hat das belgische Fremdenverkehrsamt zusammengestellt (Adresse s. S. 100).

Erfreulicherweise sind die regionalen Spezialitäten bis heute nicht untergegangen, sondern werden nach wie vor mit Sorgfalt gepflegt. Schinken aus den Ardennen, kräftige Gemüsesuppen, frische Muscheln und Krabben können der viel versprechende Auftakt zu einem Mahl sein.

Zum Hauptgang serviert man gern Fisch oder Meeresfrüchte, in der Saison häufig Muscheln in köstlichem Gemüsesud. Kaninchen mit Pflaumen in Senfsoße oder »Flämische Karbonade« (eine Art Rinderschmorbraten) sind ebenfalls nicht zu verachten. Im März sind Hopfensprossen eine Delikatesse, die Kenner für noch köstlicher halten als den Spargel von Mechelen. In den Ardennen und in Luxemburg stehen häufig Forelle oder Wild auf der Speisekarte. Die bekannteste Spezialität des Landes sind jedoch die »Frietes«. Fast an jeder Straßenecke brutzelt so eine »Frituur« vor sich hin und verkauft neben den gelben Stäbchen auch Schaschliks, Kroketten und Fleischbällchen. Auch in Mittelklasserestaurants bekommt man ganz selbstverständlich zu Aal in grüner Soße eine Schale Pommes frites hingestellt. Die besten Fritten bekommt man angeblich in Malmédy (S. 52) mit einem Dutzend Soßen. Übrigens erfanden hungrige Maasfischer eher zufällig das belgische Nationalgericht, als sie mangels kleiner Fische in Fischform geschnitzte Kartoffeln ins heiße Fett legten.

Bevor der Ruf der belgischen Küche geschmälert wird, sei klargestellt: Pommes frites sind hier meist trocken, knusprig und stets frisch.

Wer Süßes mag, kann schwelgen. Fast jede Stadt hat ihre eigenen Spezialitäten: *Baisers de Malmédy* (Sahnebaisers), *Couques* (aromatisiertes Brot in Brüssel, hartes Gewürzbrot in Dinant), *Kletskoppen* (Krokantplätzchen aus Brügge), *Lierse Vlaaikens* (Torte aus Frischkäse und Mandeln aus Geraardsbergen) oder *Noeuds*

Belgien überrascht seine Gäste mit vielen gemütlichen Lokalen

(Karamellbiskuits aus Brügge). Ein Exportschlager sind die Brüsseler Pralinen. Seit über 200 Jahren verwöhnen die Chocolatiers ihre Kunden mit immer neuen, exquisit präsentierten Geschmacksvarianten.

In Belgien wird viel Bier getrunken (s. S. 6). Über 350 verschiedene Biersorten zählt man, und sie weisen unter sich ebenso große Unterschiede auf wie die sehr guten Weine.

Spezialitäten

Doubles: zwei mit Käse aus Herve oder Maredsous gefüllte Crêpes (Binche).
Hochepot: Innereien vom Schwein mit Speck und Gemüse (Gent).
Potjesvlees: kaltes Fleisch von Kalb, Kaninchen oder Huhn (Veurne).
Tarte al djote: heißer Käsekuchen mit Eiern und Sahne (Nivelles).
Waterzooi: dicke Suppe mit Huhn oder Fisch und Kräutern (Gent, Brügge).
Angouille au vert: Aal in grüner Sauce mit vielen Kräutern.

Urlaub aktiv

Bootsfahrten

Angenehme Abwechslung bietet die Fahrt von Dinant nach Namur oder eine Tour von Halle nach Ronquières über die »Schiefe Ebene von Ronquières«, das mächtige Schiffshebewerk.

ℹ️ Bateaux Touristes de la Meuse, 64, rue Daoust, 5500 Dinant, Tel. 0 82/22 23 15, Fax 22 53 22,
▌**Bateaux Bayard,** 1, quai de Meuse, 5550 Dinant, Tel. 0 82/22 30 42, www.dinanttours.com
▌**Bateaux Ansiaux,** 15, rue du Velodrome, 5550 Anseremme, Tel. 0 82/21 35 35.

Freizeitparks

Kleinere Freizeitparks findet man in so gut wie in allen bekannteren Urlaubsgebieten, die größeren Parks sind: **Bruparc** mit Mini-Europe in Brüssel, **Bobbejaanland** bei Herentals, **Melipark** in Adinkerke bei De Panne, **Six Flags Belgium** in Wavre sowie der Safaripark **Deigné-Aywaille.**

Kajak fahren

Für Einsteiger sind Touren mit Paddelbooten oder Kajaks auf den Ardennenflüssen Ourthe und Lesse ein spannendes und abwechslungsreiches Erlebnis. Obwohl es teilweise über kleine Stromschnellen geht, die verlässlich dafür sorgen, dass man pitschnass wird, ist der Spaß ungefährlich. Die Boote kann man in vielen Ardennenstädten mieten; für den Rücktransport sorgen gegen einen Aufpreis die Verleihfirmen.

Surfer kommen an der Küste voll auf ihre Kosten

Rad fahren

Eine Vielzahl gut ausgebauter, beschilderter Radwege durchzieht das Land, unterschiedliche Streckenlängen und Schwierigkeitsgrade stehen zur Verfügung. In vielen Orten sind Fahrradverleihs. Für längere Touren im meist flachen Gelände empfiehlt es sich, das eigene Rad mitzunehmen.

Speziell für Mountainbiker wurden an die 75 Tagestouren ausgearbeitet, gekennzeichnet mit den internationalen blauen Markierungen.

 Belgisches Verkehrsamt, die Anschriften stehen auf S. 100.

Schwimmen

Der etwa 67 km lange Nordseestrand ist ein Badeparadies für alle, die auch einmal mit niedrigeren Wassertemperaturen vorlieb nehmen. Der Sandstrand ist bis zu 100 m breit, an vielen Stellen schirmt ein breiter Dünengürtel den Strand vom Festland ab.

Das Rad für gemütliche Touren

Skilanglauf

Die Ardennen sind das Langlaufdorado der Belgier. Ca. 600 km gespurte Loipen gibt es u. a. im Hohen Venn, v.a. um Bütgenbach und Malmédy, bei Spa und Francorchamps, um Baraque de Fraiture, Bastogne und St-Hubert.

 Fremdenverkehrsamt der Ostkantone, Mühlenbachstr. 2, 4780 St. Vith, Tel. 0 80/22 76 64, www.eastbelgium.com

Wandern

Ein hervorragendes Wandergebiet sind die Ardennen, die von einem dichten Wegenetz durchzogen sind. Wanderführer und Tourenkarten stellen die meisten Verkehrsämter zur Verfügung.

Auch im Hohen Venn, nahe der deutschen Grenze, kann man schöne Wanderungen unternehmen. Allerdings ist zu beachten, dass ein großer Teil des Naturschutzgebiets nicht mehr betreten werden darf; andere Gebiete sind nur mit autorisierten Führern zugänglich.

Naturparkzentrum Botrange, 4950 Robertville, Tel. 0 80/44 03 00.

Unterkunft

Hotels

Im Allgemeinen muss man für die Unterkunft in Luxemburg und Belgien mit ähnlichen Kosten wie in Deutschland rechnen. Sowohl der flämische als auch der wallonische Tourismusverband geben jedes Jahr ein Hotelverzeichnis mit Preisangaben und Kategorien heraus, die beim Belgischen Verkehrsamt erhältlich sind.

Urlaub auf den Bauernhof

Gemütliche Quartiere auf dem Land vermitteln folgende Organisationen:
- **Utra-Upa Tourisme Rural,** 47, Chaussé de Namur, 5030 Gembloux, Tel. 0 81/62 00 60.
- **Gites de Wallonie,** 1, av. Prince de Liège, 5100 Namur, Tel. 0 81/31 18 00, Internet: www.gitesdewallonie.net.

Logis de Belgique

Die Unterkünfte dieser Marke sind ideal für Familien und Wanderer. Die Vereinigung Logis de Belgique (www.logis.be) legt Wert auf die individuelle Note jedes Hauses. Allen gemeinsam ist der hohe Qualitätsanspruch. Die Farbbroschüre kann man beim Verkehrsamt bestellen.

Camping

Belgien und Luxemburg sind Paradiese für Campingfreunde. Besonders dicht ist das Netz der Campingplätze an der Nordseeküste und in den Ardennen. Ein Verzeichnis gibt es beim Belgischen Verkehrsamt.

Foyer des Hotels Métropole

Jugendherbergen

Auskünfte erteilen:
- **Vlaamse Jeugdherbergcentrale,** Van Stralenstraat 40, 2060 Antwerpen, Tel. 03/2 32 72 18, Fax 2 31 81 26, www.vjh.be.
- **Les Auberges de Jeunesse,** Rue Van Oost 52, 1030 Bruxelles, Tel. 02/2 15 31 00, Fax 2 42 83 56.

Ideal für Kurzbesuche

Preiswerte Arrangements von Stadthotels und Landquartieren sind in Broschüren der Tourismusregionen zusammengefasst. Informationen und Buchung: Belgium Tourist Reservations, Anspachlaan 111-b4, 1000 Bruxelles, Tel. 251 13 74 84, Telefon in Deutschland: 0 18 05/5 00 17 07, Fax 5 00 17 12.

Reisewege

Mit dem Flugzeug

Der Flughafen Brüssel-Zaventem liegt 15 km vom Zentrum entfernt und wird von den großen Flughäfen Deutschlands, Österreichs und der Schweiz angeflogen.

Zwischen Brüssel-Zaventem und dem Air-Terminal im Zentrum verkehrt im 20-Minuten-Takt ein Zug. Von den drei Bahnhöfen fährt stündlich ein Bus zum Flughafen. Zusätzlich gibt es Busverbindungen nach Antwerpen (50 Min.) und nach Lüttich (90 Min.).

Der Flughafen Findel (Luxemburg) – 5 km vom Zentrum (Zubringerbusse) – wird mehrmals täglich von Frankfurt/M. und Zürich angeflogen.

Mit der Bahn

Die besten Verbindungen bestehen auf den Strecken Köln–Brüssel–Paris bzw. Köln–Brüssel–Oostende und Berlin–Oostende.

Luxemburg ist über die Moselstrecke Koblenz–Trier–Luxemburg–Brüssel bzw. Aachen–Lüttich–Metz–Nancy an das europäische Schienennetz angeschlossen.

i Nach günstigen Angeboten der Bahn wie z. B. den Tourrail-Zeitkarten für Belgien sollte man sich bei den Vertretungen der Fremdenverkehrsämter in Deutschland (s. S. 100) oder in den Reisebüros erkundigen.

Mit dem Auto

Führerschein und Zulassung sind bei der Einreise mit dem Auto für beide Länder ausreichend. Das Nationa-

litätskennzeichen muss am Heck des Wagens angebracht sein. Die Mitnahme der grünen Versicherungskarte empfiehlt sich. Von Deutschland aus ist Belgien auf folgenden Routen zu erreichen:

▪ von Norden über die E 34 Venlo–Eindhoven–Antwerpen;
▪ von Osten über die E 40 Köln–Aachen–Lüttich–Brüssel–Oostende;
▪ von Südosten über die E 42 Trier–Malmédy oder über die E 411 Luxemburg–Namur–Brüssel.

Tipp Die Belgier sind im Allgemeinen bedächtige Autofahrer, doch in den verwinkelten Innenstädten mit ihrer unübersichtlichen Verkehrsführung verlieren manche ebenso schnell die Nerven wie ortsfremde Urlauber. Angenehmer ist daher die Anreise per Bahn, zudem bietet die Deutsche Bahn den günstigen Sparpreis Belgien an, Tel. 0 18 05/ 99 66 33.

Pannendienst

Besitzer eines Auslands- oder Euroschutzbriefes können rund um die Uhr telefonisch kostenlose Pannenhilfe von der nächsten Zentrale des belgischen Automobilklubs (TCB) anfordern, Notfalltelefon: 0 70/34 47 77.

i **Touringclub Royal de Belgique (TCB),** 44, rue de la Loi, B-1040 Brüssel, Tel. 02/2 33 22 22. Antwerpen: Tel. 03/3 53 88 88; Brügge: Tel. 0 50/81 17 17; Lüttich: Tel. 0 41/9 68 79 91.

Höchstgeschwindigkeit

Autobahnen und Schnellstraßen 120 km/h; Landstraßen: 90 km/h; Ortschaften: 50 km/h.

****Brüssel**

Der barocke Schmaus

Brüssel (frz. *Bruxelles,* fläm. *Brussel;* 1 Mio. Einw.) war jahrhundertelang die Hauptstadt des reichen Brabant und wurde nach der Gründung des belgischen Staates Metropole und Residenzstadt des neuen Königreichs. Wohlhabende Tuchhändler, Kaufleute und Handwerker haben das Stadtzentrum geprägt. Der Große Marktplatz (Grand' Place) ist eine barocke Hymne an die Tatkraft der bürgerlichen Zünfte und Gilden, die in den klassizistischen Gebäuden rund um das königliche Schloss einen gründerzeitlichen Nachhall fand. Zum Ende des 20. Jhs. verfiel die Stadt erneut einem Bauboom: Die Mammutverwaltungen von NATO und EU legten einen Ring aus Hochhäusern rund um Brüssel und machten aus der einstigen Kaufmannsstadt die Verwaltungsmetropole Europas. Um einen ersten Eindruck von der lebendigen Stadt zu bekommen, reicht ein Wochenende gerade aus.

Giebel an einer Fassade der Grand' Place

Geschichte

Bruocsella, die »Siedlung in den Sümpfen«, wird urkundlich erstmals 966 erwähnt, obwohl der Ort bereits in der Jungsteinzeit sowie unter den Römern und den Franken besiedelt war. An der bedeutenden Handelsstraße Brügge–Köln gelegen, gewann die Siedlung als Warenumschlagplatz schnell an Bedeutung. 1401 wurde das erste Rathaus an der Grand' Place gebaut. Doch erst 1531, als Karl V. Brüssel zur Hauptstadt der spanischen »Niederen Lande« machte und der Kanal von Willebroeck die Verbindung mit dem Seehafen Antwerpen herstellte, entwickelte Brüssel ein eigenständiges Profil unter den reichen flandrischen Städten. Künstler und Gelehrte machten hier Station, Aufstände gegen die spanische Herrschaft nahmen hier ihren Ausgang. 1695 schoss die Armee Louis' XIV. von Frankreich bei ihren Eroberungsversuchen fast die gesamte Unterstadt in Schutt und Asche. Sowohl unter spanischer als auch unter österreichischer und seit 1789 französischer Herrschaft blieb Brüssel zwar Hauptstadt, zu wirtschaftlichem Wachstum kam es aber erst nach der Revolution von 1830. Nun errichtete man repräsentative Bauten für den neuen Staat und restaurierte die Grand' Place. Die Weltausstellung von 1958 verhalf Brüssel zu ungeteilter Aufmerksamkeit, im Jahr darauf richteten hier die EWG, heute EU, und die EURATOM ihren Sitz ein, später auch die NATO.

Als Kunststadt von Weltrang und als Dienstleistungszentrum Nummer eins hat Brüssel auch zu Beginn des 21. Jhs. nichts von seiner Anziehungskraft verloren.

Alle zwei Jahre, das nächste Mal 2004, wird die Grand' Place mit einem Blumenteppich ausgelegt

Historisches Zentrum

Grand' Place (Marktplatz) ❶

Einer der schönsten Plätze der Welt, der als UNESCO-Weltkulturerbe ausgezeichnet ist, bildet das prächtige Herz der Stadt. Hier stand schon im 13. Jh. eine Tuchhalle, Marktstände wurden aufgeschlagen, Feste gefeiert und Turniere abgehalten, aber auch Gerichtsurteile vollstreckt: 1568 ließ hier der Herzog von Alba die widerspenstigen Grafen Hoorn und Egmont hinrichten. Nach den Zerstörungen durch die Geschütze der französischen Truppen 1695 wurden die Zunft- und Gildehäuser nach einem detaillierten Plan rund um den Platz mit seinen stattlichen Ausmaßen (110 x 70 m) in fünfjähriger Bauzeit umso prächtiger wiederhergestellt. So unterschiedlich sie sich auch im Einzelnen darstellen – die vielfenstrigen Fassaden, die mit unzähligen Säulchen, Girlanden und Figuren verziert und von fantasievollen Giebeln gekrönt sind, fügen sich harmonisch ineinander. Die Statuen an den Fassaden symbolisieren die verschiedenen Zünfte.

Hôtel de Ville (Rathaus) ❷

Das gotische Rathaus (Stadhuis) mit seinem 96 m hohen Turm wurde 1449 nach Plänen von Jan Ruysbroek erbaut. Die Skulpturen der barocken Fassade stellen Szenen aus der Stadtgeschichte dar. Das Innere birgt eine Sammlung Brüsseler und Mechelener Gobelins aus dem 16., 17. und 18. Jh.

*Halle au Pain ❸

Direkt gegenüber steht am einstigen Platz des Zunfthauses der Bäcker das Brothaus. Sein französischer Name, *Maison du Roi* (Haus des Königs), belegt seinen Funktionswandel unter Philipp II., der daraus den Sitz verschiedener Gerichtshöfe machte. Heute ist dort das *Stadtmuseum untergebracht, das neben einer großen Anzahl von Objekten zur Stadtgeschichte auch die Kostümsammlung des **Manneken Pis** ❹ umfasst. Es hat sich eingebürgert, dass Staatsbesucher aus aller Welt ihm als Gastgeschenk einen Anzug ihrer Landestracht oder Uniform mitbringen (Mo–Fr 10–12.30 und 13.30–17 Uhr, Sa, So, Fei 10–13 Uhr).

Ein Brüssel-Besuch ohne einen Abstecher zu dem kleinen pinkelnden Jungen in der Stoofstraat ist nicht komplett. Die immer wieder gestohlene und ersetzte Figur stammt aus dem 17. Jh. und soll den rebellischen Geist der Bürger verkörpern. In den letzten Jahren hat der Kleine eine Schwester bekommen, **Janneken Pis,** die der gleichen Beschäftigung in der Impasse de la Fidélité (an der anderen Seite der Grand' Place) nachgeht.

❶ Grand' Place
❷ Hôtel de Ville
❸ Halle au Pain
❹ Manneken Pis
❺ Bourse
❻ St-Nicolas
❼ Galeries St-Hubert
❽ Cathédrale St-Michel
❾ Colonne du Congrès
❿ Palais du Roi
⓫ Musées des Beaux-Arts
⓬ Mont des Arts
⓭ Palais de Justice
⓮ Notre-Dame-du-Sablon
⓯ Les Marolles
　Théâtre Royal de la Monnaie

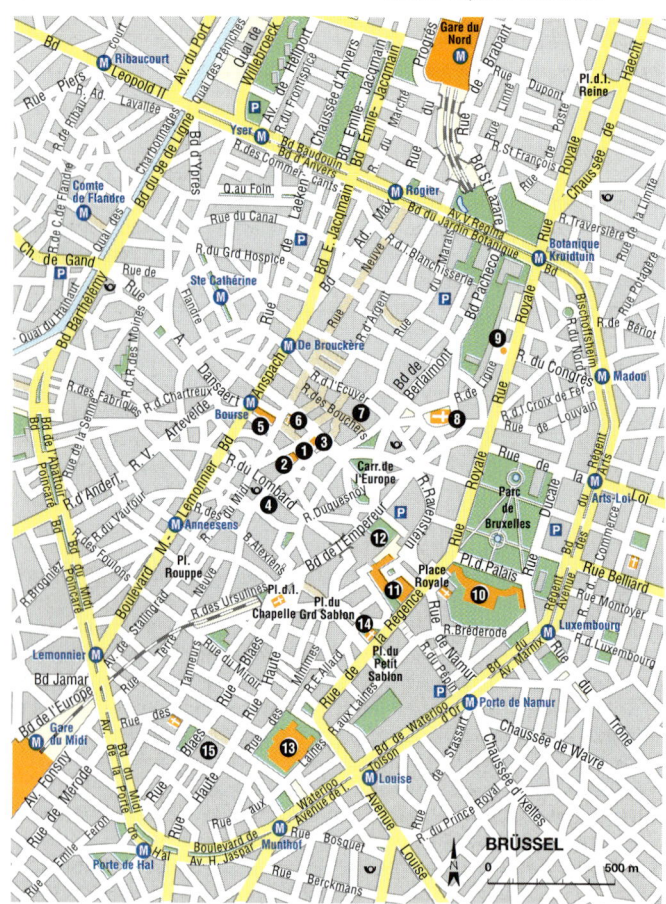

Tipp Spaziergänge zu kulturellen Themen, wie etwa den Zeugnissen des Surrealismus in Brüssel, sind die Spezialität folgender Veranstalter:
Arcadia, 38, rue de Métal, 1060 Bruxelles, Tel. 02/53 43 819,
Itinéraires, 157, rue de l'Hôtel des Monnais, 1060 Bruxelles,
Tel. 02/ 53 90 4 34 und
ARAU, 55, bd. A.-Max, 1000 Bruxelles.

Die Galeries St-Hubert

*Bourse (Börse) ❺

Die Brüsseler Börse stieg im 19. Jh. zum Brennpunkt des wirtschaftlichen Geschehens der Stadt auf. Als großer Tempel des Geldes mit seiner von korinthischen Säulen getragenen Halle, dem Giebelfeld und der mächtigen Kuppel sowie in Stein gearbeiteten allegorischen Darstellungen des Handels, der Industrie und der Seefahrt ist sie ein wirkungsvoller Kontrapunkt zum barocken Marktplatz.

St. Nicolas (Sint Niklaaskerk) ❻

Geradezu bescheiden nimmt sich die Kirche St-Nicolas aus, die sich die Kaufleute bereits an der Wende vom 11. zum 12. Jh. errichtet haben. Kleine

Läden lehnen sich an die Kirchenmauer und verleihen dieser Ecke der Stadt ein altertümliches Flair.

Rue de Bouchers (Beenhouwersstraat)

In der Gegend hinter dem Marktplatz wird es auch kulinarisch interessant. Die zahlreichen durch ihre exquisiten Auslagen ins Auge fallenden Restaurants haben diesem Teil der Stadt den Beinamen »Bauch von Brüssel« eingetragen.

Die ***Galeries St-Hubert** *(Sint-Hubertus-Galerijen)* ❼, die erste überdachte Geschäftsstraße Europas, wurde 1846 angelegt und beherbergt elegante Läden und Cafés.

Oberstadt und Zenterstadt

Die Oberstadt, westlich des alten Zentrums, ist geprägt von der Epoche König Leopolds II. (1865–1909). Hier dominieren Klassizismus und Historismus, die große Geste des königlichen Bauherrn.

*Cathédrale St-Michel (Sint-Michielskathedraal) ❽

Am Westhang der Oberstadt ragt die mächtige Fassade der in Brabanter

---

Schätze der Jugendstilarchitektur

Eine architektonische Spezialität Brüssels sind die zahlreichen erhaltenen Jugendstilbauten. Entwürfe der Architekten Victor Horta und Paul Hankar kann man u. a. in der **Avenue Louise,** um die **Avenue Brugman** sowie im **Quartier des Squares** und im **Quartier Saint Boniface** bewundern. Das **Musée Horta,** das täglich außer Mo 14–17.30 Uhr geöffnet ist, findet man in der Rue Americaine Nr. 25.

Gotik erbauten Cathédrale St-Michel et St-Gudula auf. Die beiden 69 m hohen quadratischen Türme wurden nicht vollendet.

Im Inneren schmücken lebensgroße Apostelfiguren und die Barockkanzel aus dem Jahr 1669 die weiträumige Halle des Mittelschiffs. Unter den vielen *Fenstern aus dem 16. Jh., die erhalten geblieben sind und nur wenig Licht in das Querschiff und den Chorraum lassen, sind jene des Malers Bernhaert van Orley von besonderem Reiz.

Colonne du Congrès (Congreszuil) ➒

Die von einer Statue des ersten belgischen Königs Leopold I. bekrönte Säule Colonne du Congrès ist ein Werk von J. Poelaert (1850), das an die Verkündung der belgischen Verfassung 1830/31 erinnert.

Palais du Roi (Koninklijk Paleis) ➓

Das königliche Schloss steht im Südteil des Parc de Bruxelles, der größten Grünanlage der Stadt. Die Residenz des belgischen Königs wurde Mitte des 19. Jhs. errichtet und später erweitert. Die Sammlungen von Glas, Porzellan und Silber sind zugänglich. Im Zentrum der von dem französischen Architekten Guimard im klassizistischen Stil angelegten Place Royale/Koningsplein steht das Reiterstandbild Gottfrieds von Bouillon, des Führers des Ersten Kreuzzugs (1097).

**Musées des Beaux-Arts (Paleis voor Schone Kunsten) ⓫

Gegenüber der tempelartigen königlichen Hofkirche **St-Jacques Coudenberg** *(Sint Jacob Koudenberg)* (1776–1785) kommt man zu den Eingängen in die bedeutendsten Kunstsammlungen des Landes.

Revolution im Opernhaus

An der Place de la Monnaie ist das Opernhaus mit seinen ionischen Säulen und dem Giebelrelief – dargestellt ist die Harmonie der menschlichen Leidenschaft – nicht zu übersehen. In keinem anderen Land spielte wohl ein Theater eine derart bedeutende Rolle im Kampf um die Unabhängigkeit. Am 25. August 1830 wurde die Oper »Die Stumme von Portici« von Daniel François Auber gegeben. Obgleich die Zeiten nach dem Wiener Kongress unruhig waren, hatte die niederländische Obrigkeit diese Aufführung nicht verboten, die pikanterweise den Aufstand neapolitanischer Fischer thematisiert. Der französische Tenor La Feuillade schmetterte also an diesem Abend mit besonderer Intensität »Amour sacré de la patrie ...«, also »Oh du geliebtes, heiliges Vaterland« und »Mein Leben schulde ich meinem Land, mit der Freiheit wird es mich belohnen«. Als er ein flammendes »Zu den Waffen, Bürger!« hinzufügte, nahm das Publikum diese Aufforderung wörtlich, stürmte auf die Gassen der Altstadt und rief zum Kampf für ein freies Belgien auf.

Tagelang lieferten sich aufgebrachte Bürger mit den verhassten niederländischen Truppen erbitterte Gefechte. Nach fünf Wochen endete die Revolution mit dem Sieg der Aufständischen. Am 4. Oktober 1830 schließlich wurde Belgiens Unabhängigkeit erklärt.

Die beiden Kunstmuseen Musées des Beaux-Arts besitzen Werke sämtlicher großen Maler des Landes, von van der Weyden und Bouts über Rubens und Brueghel bis hin zu Magritte und Ensor – eine Sammlung von Weltrang (Museum für Alte Kunst, tgl. außer Mo 10–17 Uhr; Museum für Neue Kunst, tgl. außer Mo 10–13 und 14–17 Uhr).

Mont des Arts (Kunstberg) ⓬

Zu dem verschiedene Museen umfassenden Komplex aus den 1950er Jahren, zählt auch die ***Bibliothèque Royale Albert Ier** mit gut zwei Millionen Bänden und der sehr wertvollen Handschriftensammlung Philipps des Guten von Burgund.

*Palais de Justice (Justitiepaleis) ⓭

Von der Oberstadt aus hat man nicht nur einen prächtigen Blick auf die Innenstadt. Das Palais de Justice, das die Brüsseler treffend »Mammut« nennen, ist der größte Monumentalbau des 19. Jhs. Nach Plänen des Architekten Poelaert wurde er von 1866–1883 errichtet und beansprucht eine Grundfläche von 25 000 m².

Zenterstadt

Da steigt man lieber zur Place du Petit Sablon/Kleine Zavel hinunter, wo ein beschaulicher Park hinter schmiedeeisernen Gittern wartet. Die 48 Bronzestatuen stellen Zunftmeister des 16. Jhs. dar. Berufe wie der des Ziegel- und des Strohdachdeckers, des Stuhldrechslers, Goldschlägers und Stockfischhändlers sind vertreten. Jenseits der Rue de la Régence steht die an Kunstwerken reiche spätgotische Kirche ***Notre-Dame-du-Sablon** (*Onze Lieve Vrouw op de Zavel*) ⓮, (15. Jh.). In einer der barocken Chorkapellen liegen Mitglieder der Familie von Thurn und Taxis begraben.

Am Wochenende lockt die **Place du Grand Sablon** (*Grote Zavel*) mit einem großen Buch- und Antiquitätenmarkt.

Les Marolles ⓯

Brüssel steht für gepflegte Urbanität und den großen Gestus, aber auch Les Marolles, die Unterstadt südwestlich des Justizpalastes, gehört dazu. Hier leben die einkommensschwachen Bevölkerungsschichten, die mit Wohnungsnot und Arbeitslosigkeit zu kämpfen haben. Auf einem Streifzug durch das Viertel mit den schmalen Gassen, steilen Treppenwegen und winzigen Geschäften kann man »Bruxellois« hören, den von mehreren Sprachen gespeisten lokalen Dialekt.

Weitere Sehenswürdigkeiten

*Königliche Gewächshäuser

Im Norden Brüssels liegt der Stadtteil Laeken in einem 160 ha großen Waldpark, der das von der belgischen Königsfamilie bewohnte Schloss Laeken umgibt. Ende April/Anfang Mai bietet sich ein Besuch in den Königlichen Gewächshäusern an. In riesigen Hallen und Pavillons aus Glas gedeiht seit 1873 die opulente Pracht tropischer Pflanzen (Tel. 02/5 51 34 02).

*Atomium

Das Atomium im Osten der Stadt wurde 1958 als 165-milliardenfache Vergrößerung eines Eisenmoleküls errichtet und symbolisiert das Atomzeitalter. Die neun Kugeln sind auch Ausstellungsräume (tgl. 9.30–20 Uhr).

Bruparck und Brüsseler Jubelpark

Der Freizeitpark Bruparck besitzt vier Bereiche: einen Jahrmarkt, Mini-Europe mit Modellen prominenter Bauwer-

Das Atomium wurde 1958 zur Weltausstellung gebaut

blatt »Art Nouveau« informiert über eine Besichtigungstour mit öffentlichen Verkehrsmitteln zu den schönsten Bauwerken dieser Epoche.

 Tipp Wer besondere Wünsche hinsichtlich seines Hotels hat, ein Haus mit Garage oder einen Babysitter sucht, gibt unter www.toervl.be die Kriterien ein und das entsprechende Hotel erscheint auf dem Bildschirm.

ke, ein Bad mit allen Schikanen und Kinepolis, ein riesiges Kino.

Nicht Sehen, sondern Fühlen, Tasten und Schmecken steht im Museum für Blinde im Brüsseler Jubelpark *(Parc du Cinquantaire)*.im Zentrum.

Zentralafrika-Museum

Zu empfehlen ist der Besuch des ethnologischen Zentralafrika-Museums in **Tervuren** (mit der Tram 44 ab Montgomeryplatz, tgl. 10 bis 17 Uhr).

Infos

TIB, Hôtel de Ville, Grand Place, Tel. 02/513 89 40,
Fax 514 45 38, www.tib.be. Das Falt-

Métropole, 31, pl. de Brouchèr, Tel. 02/2 17 23 00,
Fax 2 18 02 20,
www.metropolehotel.be
Luxushotel; Halle und Salon im Stil der Belle Époque. ○○○
▮ **Amigo,** 1, rue Amigo,
Tel. 02/5 47 47 47, Fax 5 13 52 77,
www.roccofortehotels.com
Nur 200 m von der Grand' Place liegt dieses im spanischen Renaissancestil erbaute Traditionshotel mit zeitgemäßem Komfort. ○○○
▮ **Auberge St-Michel,**
15, Grand' Place, Tel. 02/5 11 09 56,
Fax 5 11 46 00. Familiäres Haus, einfach, für die Lage preisgünstig. ○○

Taverne du Passage,
30, Galerie de la Reine,
Tel. 02/5 12 37 31. Traditionsreiches Restaurant mit deftiger Küche. ○○
▮ **Comme chez soi,** 23, pl. Rouppe,
Tel. 02/5 12 29 21. Geboten werden regionale Köstlichkeiten. ○○
▮ **Mort subite,** Warmoesberg 7,
Tel. 02/5 13 13 18. Gemütlich. ○○

 Antiquitäten: Galuchat,
182, av. Louise (Art déco).
▮ **Francis Janssens–Van der Maelen,**
26, bd. de Waterloo (Silber).
Feinkost: Bernard, 93, rue de Namur.
▮ **Chatton,** 82, av. Broustin.
▮ **Ferme Landaise,** 41, rue Ste-Cathérine.

Süße Verführung

Tradition und beste Qualität prägen das Pralinen-Angebot der **Confiserie Neuhaus** in der **Galerie de la Reine.** Seit 1912 mischt man dort Schokolade, Nüsse, Cremefüllungen und andere Köstlichkeiten zu perfekten Leckereien. Internationaler Verkaufsschlager ist das Ballotin mit 65 feinen Sorten.

****Antwerpen**

Schatzkammer an der Schelde

Antwerpen (frz. *Anvers*) hat einschließlich seiner Vororte über 479 000 Einwohner. Die Hauptstadt der gleichnamigen Provinz bildet damit neben Brüssel den zweitgrößten Ballungsraum Belgiens. Ihre überregionale wirtschaftliche Bedeutung gewinnt die Stadt durch ihre modernen Hafenanlagen, die zu den leistungsfähigsten der Welt zählen, sowie die Automobil-, die Chemie und Modeindustrie. Auch in der Vergangenheit bestimmte der Hafen die Entwicklung der Stadt. Handel und Wirtschaft schufen eine weltoffene Atmosphäre, in der Kunst und Kultur ideale Voraussetzungen fanden.

In Antwerpen kann keine Langeweile aufkommen. Die Auswahl an Restaurants ist kaum zu übertreffen. Und zudem kann man hier wunderbar einkaufen. Das Urlaubsbudget für diese Stadt sollte nicht zu knapp bemessen sein.

Geschichte

Glaubt man der Legende, entstand der Name der Stadt so: Der Riese Antigon schlug Schelde-Schiffern, die ihm keinen Wegzoll entrichten wollten, die Hände ab und warf diese in den Fluss (*Hand werpen* = Antwerpen). Der römische Legionär Silvio Brabo soll den grausamen Riesen überwältigt und den Grundstein zu einer Siedlung gelegt haben, die spurlos verschwunden ist. Erst für die fränkische Zeit kann eine Siedlung am Ufer der Schelde nachgewiesen werden. 1315 wurde Antwerpen in die Hanse aufgenommen, stand jedoch bis zum 16. Jh. im Schatten der mittelalterlichen Handelszentren Gent und Brügge.

Nach deren Niedergang trat die Stadt ein reiches Erbe an. 1565 war sie mit mehr als 100 000 Einwohnern nach Paris die größte Stadt nördlich der Alpen. Die Auseinandersetzungen zwischen reformierten Niederländern und katholischen Spaniern leiteten den Niedergang ein, der mit der Sperrung der Schelde durch die protestantischen Nördlichen Niederlande besiegelt wurde, die im Westfälischen Frieden von 1648 verfügt wurde. Innerhalb von fünf Jahren wanderten 40 000 Bürger ab, vor allem Kaufleute und Handwerksmeister, aber auch Künstler und Gelehrte.

Reiches kulturelles Erbe

Dennoch erreichte das kulturelle Leben der Stadt im 17. Jh. durch Maler wie Rubens, van Dyck und Jordaens seinen Höhepunkt. Napoleon, unter dessen Herrschaft die Schelde frei und der Hafen modernisiert wurde, beendete eine Phase wirtschaftlicher Rezession. Als Haupthafenstadt der Kolonialmacht Belgien gelangte Antwerpen um die Wende zum 20. Jh. zu neuem Reichtum. Die Anpassung an die Erfordernisse des modernen Seeverkehrs und der Ausbau zum Industriestandort schaffen die ökonomische Grundlage des heutigen Antwerpen.

Stadtrundgang

Der Steen **❶**

Die alte Burganlage, deren Grundmauern ins 9. Jh. zurückgehen, ist der markanteste Blickfang am Schelde-Kai und der älteste Siedlungsrest der Stadt. Zur Residenz der Markgrafen wurde die Festung zu Beginn des

16. Jhs umgebaut. Die dunklen Reste des ursprünglichen Baus kann man leicht von den in hellem Sandstein neu entstandenen Teilen unterscheiden. In der Burg ist das sehenswerte **Nationale Schifffahrtsmuseum** *(Nationaal Scheepvaartmuseum)* untergebracht (Di–So 10–16.45 Uhr).

Die **Aussichtsplattform** beim Steen bietet einen ausgezeichneten Rundblick über den alten Kai. Am nördlichen Horizont lassen sich bei guter Sicht unzählige Ladebäume der modernen Hafenanlage ausmachen, stadteinwärts beherrscht der majestätische Turm der Liebfrauenkathedrale das Bild.

Auf **Het Eilandje,** dem aufpolierten Inselchen im alten Hafen, spiegeln sich schicke Lofts und angesagte Bars im brackigen Wasser.

*Vleeshuis (Alte Fleischhalle) ❷

Von de Waghemakere, einem der großen Baumeister des 16. Jhs., stammen die Pläne zu diesem spätgotischen Zunfthaus der Fleischer. Rote Ziegel und weißer Sandstein der Fassade sollen an durchwachsenen Speck erinnern. Die obere Etage diente den Fleischern als Sitzungssaal, die untere als Verkaufsraum. Geschlachtet wurde in der Gasse davor. Heute werden die Räume vom **∗Museum für Stadtgeschichte** (Archäologie, Kunsthandwerk, u.a. Fayencen und Musikinstrumente) genutzt. Sehenswert sind der hölzerne Dachstuhl und die große Verkaufshalle.

Weiter geht es durch die Vleeshouwersstraat in die parallel laufende Doornikstraat. Anschließend durchquert man ein Sanierungsgebiet. Den Verlauf der schmalen mittelalterlichen Gassen hat man beibehalten und in diesem Rahmen ein modernes Wohnviertel in ruhiger und zentraler Lage gestaltet.

*St.-Pauluskerk ❸

Am Ende der Hofstraat liegt der Veemarkt mit der Paulskirche. Der spätgotische Dominikanerbau (16. und 17. Jh.) wird von einem barocken Glockenturm überragt und ist üppig ausgestattet mit Skulpturen und Gemälden flämischer Meister, u.a. von Rubens, Jordaens und van Dyck. Besonders eindrucksvoll sind der Hauptaltar, das kostbare Schnitzwerk an den Beichtstühlen und im linken Querhaus eine Geißelung Christi.

Brouwershuis ❹

Zum Zunfthaus der Bierbrauer (16. Jh.) führt ein lohnender Abstecher entlang der Scheldekais nach Norden. Außer dem Ratssaal können die früher von Pferden angetriebenen Pumpanlagen besichtigt werden. Da aus hygienischen Gründen das gewöhnliche Leitungswasser zur Herstellung des Bieres nicht verwendet werden durfte, mussten viele Brauereien es von hier beziehen.

*St.-Carolus-Borromeuskerk ❺

Ein Blickfang ist die mächtige und überaus prächtige Fassade der dem heilig gesprochenen italienischen Erzbischof Karl Borromäus (Carlo Borromeo) geweihten Barockkirche. In ihrer klaren Stockwerkaufteilung mit dorischen und ionischen Säulen klingen Elemente der Renaissance nach. Den Deckenschmuck bilden 39 Gemälde aus der Rubens-Werkstatt. Die Karlskirche ist eine der wenigen Barockkirchen Belgiens. Rubens soll an den Plänen für die Fassade mitgewirkt haben. Im Inneren sind die Krypta, die Sakristei sowie die **Rubenskapelle** eine Besichtigung wert.

Um die Wende zum 20. Jh. entstand dieses Haus am Boulevard De Keyserlei

*St.-Jacobskerk ❻

Mit dem Bau der spätgotischen Jakobskirche wurde gegen Ende des 15. Jhs. begonnen, rund 200 Jahre später war sie fertig gestellt. Sie ist nach der Kathedrale der wichtigste Sakralbau der Stadt mit einer überaus reichen barocken Ausstattung.

Die kreuzförmige Basilika bietet mit ihren beidseitigen Kapellenreihen und dem Kapellenkranz des Chors viel Raum für die mit Kunstschätzen geschmückten Grabmäler und Privatkapellen einflussreicher Bürger der Stadt. In einer Grabkapelle hinter dem barocken Hochaltar seiner Pfarrkirche

fand Peter Paul Rubens (1577–1640) seine letzte Ruhestätte.

Die Kapelle schmückt eine »Jungfrau mit Heiligen«, eines seiner späten Gemälde, weitere Bilder stammen von seinem Schüler Jacob Jordaens.

*Rubenshaus ❼

Hier lebte der bedeutendste Maler Antwerpens von 1610 bis zu seinem Tod. Das repräsentative Stadtpalais des Rubenshuis orientiert sich am Vorbild italienischer Palazzi. Innenhof und Gartenanlage werden von dem in vielen Bildern des Meisters dargestellten ***Portikus** in harmonischer Weise

❶ Steen
❷ Vleeshuis
❸ St.-Pauluskerk
❹ Brouwershuis
❺ St.-Carolus-Borromeuskerk
❻ St.-Jacobskerk
❼ Rubenshaus
❽ Diamantmuseum

❾ Plantin en Moretusmuseum
❿ Onze-Lieve-Vrouwekathedraal
⓫ Stadhuis
⓬ Museum Mayer van den Bergh
⓭ Koninklijk Museum voor Schone Kunsten
⓮ Museum voor Hedendagse Kunst

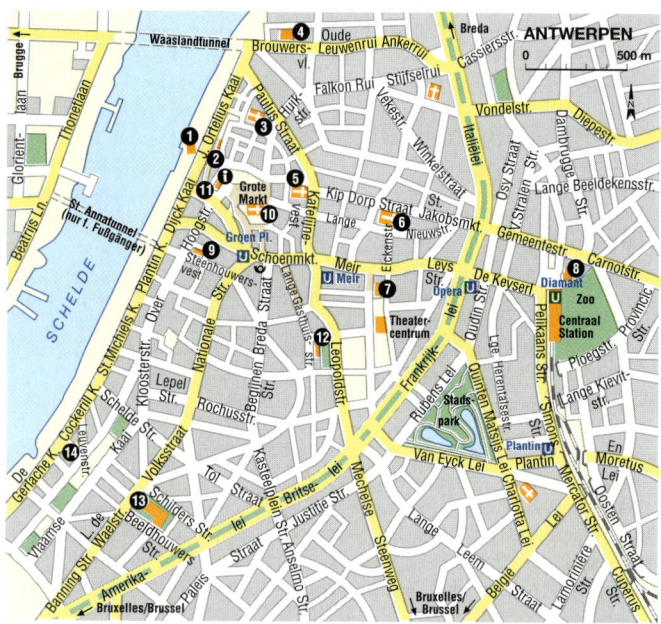

räumlich getrennt. Neben den prachtvoll ausgestatteten Wohnräumen sind das **Atelier** und **Kunstkabinett** des Malers, eigene Werke und Arbeiten seiner Schüler, aber auch Bilder anderer Meister, die er sammelte, zu besichtigen.

*Diamantmuseum ❽

Eine Pause in einem der Straßencafés der Keyserlei bietet sich an, bevor man beim Anblick der funkelnden und glitzernden Schätze im neuen Diamantmuseum jegliche Bodenhaftung verliert. Exponate aus fünf Jahrhun-

derten zeugen von Macht und Fachkenntnis der hiesigen Experten. Nach wie vor werden stolze 85% des weltweiten Juwelenhandels in den diskreten Kontoren Antwerpens abgewickelt (Astridplein 19–23, Tel. 0 32 02 48 90, www.diamonds.be, tgl. 9–18 Uhr).

Ergänzend bietet der Hoge Rad vor Diamant eine **Diamantenwanderung** durch die Stadt an (Tel. 0 32 40 69 71, www.diamant.provant.be).

*Museum Plantin Moretus ❾

Über die elegante Einkaufsmeile Meir und den Schoenmarkt schlendert man

Der Meister des Barock

Peter Paul Rubens wurde am 28. Juni 1 577 im westfälischen Siegen geboren, wohin sein Vater, ein Rechtsgelehrter aus Antwerpen, vor den Wirren der Gegenreformation geflohen war. Nach dem Tod des Vaters kehrte er 1589 in die Heimatstadt der Eltern zurück und erhielt dort eine sorgfältige Ausbildung, die vom Geist des Humanismus geprägt war. Als 23-Jähriger ging er nach Italien und wurde Hofmaler des Herzogs Gonzaga in Mantua, der den jungen Mann auch mit diplomatischen Missionen betraute.

Als er 1608 wieder nach Antwerpen zurückkehrte und dort eine Werkstatt gründete, begann seine unvergleichliche Karriere: Aus seinem Atelier ging eine schier unerschöpfliche Zahl von Werken hervor, von denen er nicht weniger als 600 mit eigener Hand geschaffen hatte. Unter anderen arbeiteten Antonis van Dyck, Jacob Jordaens und Jan Brueghel, genannt Samt-Brueghel,

in seiner Werkstatt. Fast alle denkbaren Sujets griff Rubens auf und bearbeitete sie mit nie versiegendem Ideenreichtum: Landschaften, Porträts, biblische, mythische, historische Szenen. Seine Anregungen bezog er sowohl aus seinen italienischen Jahren, in denen er neben den Gemälden von Tizian, Michelangelo und Leonardo da Vinci auch die Werke der Antike kennen gelernt hatte, wie auch aus den Bildwelten seiner niederländischen Landsleute. Groß angelegte Historienpanoramen erfüllte er mit seiner Farbenglut und überströmender Sinnlichkeit, dann wieder schuf er mit zartesten Rötelstrichen kleine, intime Bildnisse seiner Angehörigen.

Schon zu Lebzeiten ein berühmter und gefragter Künstler, der sich neben einem großzügigen Stadtpalais auch ein Landhäuschen leisten konnte, gilt Peter Paul Rubens heute nahezu als Inkarnation barocker Ausdruckskraft.

zurück zum Plantin-Moretus-Museum. Die Pracht des Gebäudes im Stil der flämischen Renaissance-Architektur erschließt sich erst, wenn man die Innenräume betritt. Im Jahre 1549 gründete der Buchdrucker Christoph Plantin hier seine **Druckerei,** die einzige, die unter Philipp II. das Recht besaß, Mess- und Gebetsbücher für das Spanische Reich – und das war damals die halbe Welt – zu drucken. Unter seinem Schwiegersohn Moretus und dessen Nachkommen arbeitete die Druckerei bis weit ins 19. Jh. hinein. Außer der Originalausstattung des Hauses ist eine der 13 Gutenbergbibeln, die **Biblia Regia,** zu sehen.

Durch die Hoogstraat mit ihren vielen Läden gelangt man zum Oude Koornmarkt. Am Ausgang in der Pelgrimstraat bietet sich ein schöner Blick auf den nahe gelegenen Turm der Kathedrale.

**Onze-Lieve-Vrouwekatedraal ❿

Mit diesem 123 m hohen Turm, dem einzigen von fünf geplanten, ist der Liebfrauendom der mächtigste Sakralbau Belgiens. Auf Betreiben der Bürgerschaft begann man 1352 mit diesem gotischen Bauwerk, das erst im Jahre 1521 vollendet werden konnte. Fünf Kapellen umgeben den Chor, der an seiner Außenfassade dicht von Häusern umstellt ist. Die Rückfronten dieser kleinen Läden und Cafés lehnen sich teilweise unmittelbar an die Mauern der Kathedrale.

Durch Brände in den Jahren 1443 und 1533, durch die Bilderstürmer und die Plünderungen während der Französischen Revolution wurde die Kathedrale stark beschädigt und ihre Ausstattung dezimiert. Dennoch beeindruckt der schmucklose Innenraum durch seine Weite und die ausgewogenen Proportionen seiner Architektur. In dieser Umgebung entfalten

Onze-Lieve-Vrouwekatedraal

zwei berühmte Werke von Rubens, die 1614 im Liebfrauendom aufgestellt wurden, unbeeinträchtigt ihre Wirkung: ****Die Kreuzaufrichtung** und **Die Kreuzabnahme.**

Stadhuis ⓫

Das von Cornelis de Vriendt von 1561 bis 1566 erbaute Rathaus prunkt an der Westseite des **Grote Markt,** des historischen Zentrums der Stadt. Der vertikale Mittelbau seiner ansonsten horizontal gegliederten Fassade repräsentiert den flämischen Renaissancestil und harmoniert gut mit den umstehenden gotischen **Zunft- und Gildehäusern.** Sie stammen aus dem 16. Jh., wurden aber zum Teil erst im 19 Jh. nach alten Plänen neu errichtet. Der aufwändige Schmuck der Treppengiebel weist auf die früheren Besitzer hin (Nr. 5, Haus der Böttcher; Nr. 7, Haus der Armbrustschützengilde; Nr. 11, Haus der Krämer). Im Zentrum des Platzes steht der neubarocke **Brabo-Brunnen.** Er zeigt die Entstehungslegende Antwerpens.

Weitere Museen

*Museum Mayer van den Bergh ⑫

Die Gemäldesammlung dieses Hauses in der Langen Gasthuisstraat kann als einzigartig bezeichnet werden. Das Museum verfügt u. a. über Werke wie die Dulle Griet von Pieter Brueghel d. Ä. und Bilder von Dirk Bouts sowie Quentin Metsys. Hinzu kommen hervorragende mittelalterliche Skulpturen, Möbel, Fayencen, Elfenbeinarbeiten und Buchmalereien.

**Koninklijk Museum voor Schone Kunsten ⑬

Ein klotziger neuklassizistischer Bau im Süden des Stadtzentrums beherbergt das Königliche Museum der Schönen Künste, die umfangreichste Sammlung niederländischer Malerei Belgiens. Dokumentiert wird die flämische Malerei über einen Zeitraum von fünf Jahrhunderten. Schwerpunkt ist die Sammlung von 1500 Bildern und Skulpturen des 19. und 20. Jhs., die die Entwicklung der Bildenden Kunst in Belgien dokumentiert.

**Museum voor Hedendagse Kunst ⑭

Im Museum für zeitgenössische Kunst in der Leuvenstraat 2 sind Exponate aus dem gesamten Spektrum moderner Kunst ausgestellt.

Modemuseum MoMu

Das Modemuseum im ehemaligen Königlichen Palast präsentiert das klassische Hahnentritt-Kostüm einer Coco Chanel, aber auch die radikalen Mode-Statements der Postmoderne. Dries van Noten und Walter van Beirendonck zeigen ihre schrillsten Entwürfe, Absolventen des Flanders Fashion Institute finden hier ein Forum für ihre Stoff gewordenen Fantasien.

Tipp Die meisten Museen Antwerpens sind täglich außer Mo von 10 bis 17 Uhr geöffnet.

Infos

 Dienst voor Toerisme, Grote Markt 15, 2000 Antwerpen, Tel. 03/232 01 03, Fax 231 19 37, Internet: visitantwerpen.be

Columbus, Frankrijklei 4, Tel. 03/233 03 90, Fax 226 09 46, www.hotelinformation.com/html/belgium/antwerp/columbus. Stilvoll eingerichtetes Haus (22 Zi.) an der Oper, Pool, opulentes Frühstücksbüfett. ❍❍❍

▌**Switel,** Copernicuslaan 2, Tel. 03/231 67 80, Fax 233 02 90, www.s-h-systems.co.uk/belgium/antwerp.html. Großes Haus in Bahnhofsnähe, Fitnessraum, Pool. ❍❍❍

▌**Industrie,** Emiel Banningstraat 52, Tel. 03/238 66 00, Fax 238 86 88, www.hotelindustrie.be Ruhe und viel Komfort in umgebauter Stadtvilla(13 Zi.). Aufmerksamer Service. ❍❍

▌**Monico,** Koningin Astridplein 34, Tel. 03/225 00 93, Fax 226 95 47. Zentral, günstiges Touristenhotel. ❍

Rooden Hoed, Oude Koornmarkt 25, Tel. 03/233 28 44. Beliebtes Restaurant mit Muschelspezialitäten. ❍❍

▌**De Barbané,** van Breestraat 4, Tel. 03/232 81 98. Topgastronomie mit regionalem Touch. ❍

▌**De Peerdestal,** Wijngaardstraat 8, Tel. 03/231 95 03. Im Sommer angenehm zum Draußensitzen. ❍

Besuchen Sie auch den berühmten **Vogelmarkt** am Oude Vaartplaats, immer So 7–13 Uhr.

Brügge

Weltstadt des Mittelalters

Ein Besuch in Brügge (fläm. *Brugge,* frz. *Bruges;* 120 000 Einw.), der Hauptstadt der Provinz Westflandern, ist die Krönung einer Belgienreise. Die von Grachten durchzogene Altstadt ist ein großartiges Beispiel spätmittelalterlichen Städtebaus. Abseits der Hauptsehenswürdigkeiten, bei einem Spaziergang durch die stilleren Gassen, durch die Grünanlagen entlang der ehemaligen Stadtbefestigungen oder an den zahlreichen Kanälen spürt man noch immer den besonderen Charme der Stadt.

Geschichte

Im 9. Jh. legte Graf Balduin I. von Flandern an der Stelle, an der bereits die Wikinger einen *Bruggia,* einen Einschiffungsplatz besaßen, den Grundstein zu einer Burg. Er hätte keinen besseren Platz wählen können: Am Naturhafen liefen einst die Wege des von den deutschen Hansestädten kontrollierten Ostseehandels, des venezianischen Orienthandels und des lukrativen Wollhandels mit England zusammen. So avancierte Brügge im ausgehenden Mittelalter zum Welthandelszentrum und war bald neben Venedig die prachtvollste und reichste Stadt der Welt. Die Herzöge von Burgund hielten prunkvoll Hof. Erst die Versandung des Zwin sowie die spätere Förderung Antwerpens durch Kaiser Maximilian I. leiteten den wirtschaftlichen Niedergang ein. Die Stadt fiel für fast 400 Jahre in die Bedeutungslosigkeit eines Marktortes zurück. Trotz des neuen Hafens bei Zeebrügge fand der Anschluss an das Industriezeitalter nur zögernd statt. So blieb Brügge weitgehend von den Bausünden der Neuzeit verschont und konnte sein einzigartiges Stadtbild bewahren, das – dank des wachsenden Tourismus – zum wichtigsten Wirtschaftsfaktor geworden ist.

*Grote Markt ❶

Der Platz ist seit jeher der Brennpunkt der Stadtgeschichte. Hier steht der ***Belfried,** Symbol des Bürgerstolzes und der städtischen Unabhängigkeit. Der untere Teil des 83 m hohen Turms stammt aus dem 13. Jh., die achteckige Krone wurde erst 200 Jahre später aufgesetzt. Auf Höhe der obersten Besucherterrasse hängen die 50 Glocken des stündlich erklingenden Glockenspiels. Zur gleichen Zeit wie der Belfried entstand die gewaltige **Lakenhalle** (Tuchhalle).

Vom Markt führt die Vlamingstraat in das »Hanseatische Brügge«. Das **Haus der Genuesen** (1399) erinnert an die internationalen Handelsbeziehungen Brügges. Auch das stolze Haus der Kaufmannsfamilie **van der Beurse** aus dem 15. Jh. steht in der Vlamingstraat (Nr. 35). Der florierende Handel und die lukrativen Geldgeschäfte, die in und vor diesem Haus getätigt wurden, brachten es mit sich, dass sich die Bezeichnung Börse (niederländisch *beurs* = Geldbeutel) als Synonym für solche Geschäfte einbürgerte.

Tipp Elegante Kragen, Borten und Tischdecken, von Heimarbeiterinnen handgeklöppelt, waren jahrhundertelang ein Brügger Exportschlager. Heute wird der Markt von Billigware aus dem Fernen Osten überschwemmt, schöne Originalstücke sind im **Museum Arentshuis** am Dijver 16 ausgestellt.

Poortersloge ❷

Von der nordöstlichen Ecke des Marktes geht es in die Vlamingstraat. Die Poortersloge an der Ecke Academiestraat, heute das Staatsarchiv, diente den »Poorters«, reichen Grundherren und Kaufleuten, als Versammlungsort.

Rund um den Burgplatz ❸

Der Name des Platzes verweist auf die zerstörte Burg des flandrischen Grafen Balduin. Rundherum gruppieren sich einige der bedeutendsten Gebäude Brügges: Das **Stadhuis,** 1376 bis 1420 errichtet und Vorbild für weitere repräsentative Rathäuser im Land, birgt als einzigartiges Prunkstück den Ratssaal mit seinem hölzernen Deckengewölbe und Wandmalereien, die bekannte Motive aus der Brügger Stadtgeschichte darstellen.

Die ***Heiligbloedkapel** wurde für die kostbare Heiligblutreliquie errichtet, die der flandrische Graf Dietrich von Elsass 1150 von einem Kreuzzug mitbrachte. Aus dieser Zeit stammt der untere, romanische Teil der Wallfahrtskirche, der obere zeigt den Übergang von Spätgotik zu Renaissance. Die Heiligblutprozession am Himmelfahrtstag ist der bedeutendste Festtag im Kalender der Stadt.

Blickfang und Begrenzung des Platzes nach Osten hin bildet der **Buitenpoortus,** das ehemalige Zollhaus, dessen Eingangsportal die Wappen der wohlhabenden Handelsherren zieren. Vom ursprünglich gotischen Bau blieb nur die Südfassade erhalten.

Der hypermoderne **Pavillon** des Japaners Toyo Ito, eine transparente Komposition aus Glas, Wasser und Aluminium, bildet den architektonischen Kontrapunkt zum nostalgischen Zauber von Brügge.

Der Grote Markt ist seit jeher der Mittelpunkt der Stadt

Huidenvettersplein ❹

Der Tordurchgang in der ehemaligen **Stadtkanzlei,** im Stil der Frührenaissance mit vergoldeten Säulen, führt über die Eselsbrücke *(Blindenezelbrug),* vorbei an den Hallen des Fischmarkts, zum Huidenvettersplein im früheren Gerberviertel (siehe die Szenen aus dem Gerberhandwerk auf Reliefs an der Zunfthausfassade).

Entlang dem Rozenhoedkai gelangt man zum platzartig erweiterten Kanalufer, dem *Dijver,* unter dessen Bäumen an Sommerwochenenden der Flohmarkt stattfindet.

Museen im Zentrum

**Groeninge-Museum *(Stedelijk Museum voor Schone Kunsten)* ❺ Dank seiner hochkarätigen Sammlung früher niederländischer Malerei – Hans Memling, Jan van Eyck, Rogier van der Weyden – sowie einer modernen Galerie ist dieses Museum besonders hervorzuheben.

*Gruuthusepalais und -Museum ❼

Hinter dem Brangwyn-Museum ❻, das u. a. an den gleichnamigen englischen Künstler (1867–1956) erinnert, steht in einem Innenhof mit efeuüberwachsenen Gebäuden und Türmen das Gruuthusepalais aus dem 15. Jh. Im Inneren des prächtigen Baus ist ein Museum für Teppiche, Spitzen, Musikinstrumente, Münzen und Waffen eingerichtet. Es war im Mittelalter das Domizil eines führenden Patriziergeschlechts der Stadt, dessen Reichtum auf dem Recht basierte, die Steuer auf Zutaten zum Bierbrauen, die sog. *Gruute*, zu erheben. Zu den architektonischen Besonderheiten zählt die Privatkapelle im ersten Stock, von der aus die Bewohner an der Messe im Chor der benachbarten Kirche teilnahmen.

*Onze-Lieve-Vrouwekerk ❽

Die gotische Hallenkirche mit dem ungewöhnlich hohen Turm (122 m) bewahrt bedeutende Kunstschätze. Mit der ****Brügger Madonna** (1503) besitzt sie das einzige Werk Michelangelos, das zu dessen Lebzeiten über die Alpen gelangte. Im Chor der Kirche stehen die ***Sarkophage** Marias von Burgund und ihres Vaters, Karls des Kühnen, Herzog von Burgund.

❶ Grote Markt
❷ Poortersloge
❸ Burgplatz
❹ Huidenvettersplein
❺ Groeninge-Museum
❻ Brangwyn-Museum

❼ Gruuthusepalais
❽ Onze-Lieve-Vrouwekerk
❾ Sint-Jans-Spital
❿ Begijnhof
⓫ St.-Salvatorskathedraal

Sint-Jans-Spital ❾

Dieses wahrscheinlich älteste Krankenhaus Europas wurde im 12. Jh. gegründet und war bis in die 1960er Jahre in Betrieb. Der große Krankensaal und die vollständig eingerichtete Apotheke aus dem 18. Jh. können besichtigt werden.

**Memling-Museum

In der Spitalkapelle ist das Memling-Museum untergebracht. Hans Memling, ein Deutscher, kam etwa 1465 nach Brügge und war bis zu seinem Tod 1494 als Stadtmaler tätig. Wegen ihrer ausdrucksvollen und volksnahen Darstellungen erfreuten sich seine Arbeiten großer Beliebtheit und machten ihn zu einem der reichsten Bürger der Stadt. Sechs seiner Hauptwerke sind hier zu bewundern, so der *Ursula-Schrein, der auf Miniaturgemälden die Legende der Heiligen darstellt, und das Altarwerk *Die mystische Vermählung der hl. Katharina.

*Begijnhof ❿

Das Barocktor hinter der kleinen Brücke führt in den beschaulichen, mit Pappeln bestandenen Beginenhof (13. Jh.). Ein kleines Museum gibt Einblick in den Alltag der Beginen (s. S. 8). Vom Schleusenhaus am Südende des Wijngaardplaats aus wird der Wasserstand der Stadtkanäle reguliert.

*St.-Salvatorskathedraal ⓫

Sie ist die älteste Pfarrkirche der Stadt. An den Schießscharten erkennt man, dass der im unteren Teil romanische Turm (12. Jh.) zur Verteidigung genutzt wurde. Hauptschiff und Chor sind unter dem Einfluss der frühen Gotik erbaut, der obere Teil des Turmes wurde erst im 19. Jh. fertig gestellt. Das Chorgestühl zeigt das Wappen der Ritter vom Goldenen Vlies, die hier 1478 ihre erste Sitzung abhielten.

Dienst voor Toerisme,
Burg 11, 8000 Brugge,
Tel. 050/ 44 86 86, Fax 44 86 00.
www. brugge.be.

Schiffsverbindungen: Unbedingt zu empfehlen: eine Grachtenrundfahrt (Abfahrtsstellen im Zentrum; Dauer ca. 35 Minuten).

De Orangerie,
Kartuizerinnenstraat 10,
Tel. 050/34 16 49, Fax 33 30 16,
www.hotelorangerie.com
Elegant; mitten im Zentrum. ○○○

▌ **De Castillon,** Heilige-Geeststraat 1,
Tel. 050/34 30 01, Fax 33 94 75,
www.castillon.be. Gemütliche Atmosphäre in typischem Brügger Herrenhaus mit modernem Komfort. ○○

▌ **Egmond,** Minnewater 15,
Tel. 050/ 34 14 45, Fax 34 29 40,
www.egmond.be. Landhaus, 8 stilvoll eingerichtete Zimmer, gartenseitig. ○

De Karmeliet, Langestraat 19,
Tel. 050/33 70 70 oder
33 76 62. Das Beste, was Brügge zu bieten hat; französische Küche. ○○○

▌ **Prinsenhof,** Ontvangersstraat 9,
Tel. 050/34 26 90. Im Herzen der Stadt, wunderschönes altes Herrenhaus. ○○

▌ **Begijnhof,** Wijngaardplein 16,
Tel. 050/33 46 64. Pfannkuchenhaus am Wasser. ○

Café't Brugs Beertje, Kemelstraat 5. Rund 300 Biersorten und ein Wirt, der als Experte für belgischen Gerstensaft im ganzen Land bekannt ist (tgl. außer Mi ab 16 Uhr).

Gent

Die stolze Stadt an der Schelde

Nicht so unberührt erhalten wie das mittelalterliche Brügge, dafür aber von nie erlahmender Geschäftigkeit ist Gent (frz. *Gand;* 231 000 Einw.), eine bedeutende historische Kunst- und eine moderne Großstadt zugleich. Vor allem die Tuchherstellung hat hier seit dem Mittelalter Tradition. Inmitten des größten belgischen Obst- und Gemüseanbau- sowie Blumenzuchtgebiets ist Gent der wichtigste Umschlagplatz für diese Produkte. Am Zusammenfluss von Leie und Schelde ist es auch die zweitgrößte Hafenstadt des Landes.

Geschichte

Um eine Burg zum Schutz gegen die Normannen sowie zwei Abteien herum entwickelten sich ab dem 9. Jh. erste Ansiedlungen, die innerhalb von 300 Jahren zu einer beachtlichen Stadt anwuchsen. Hauptwirtschaftszweige waren die Leinenweberei und die Weiterverarbeitung englischer Wolle. Das Selbstbewusstsein und der kämpferische Freiheitsdrang der Bürger bestimmten seit dem späten Mittelalter die oft blutige Geschichte der Stadt. 1448 erklärten die Genter Philipp dem Guten von Burgund den Krieg, nachdem er die Steuern für Salz und Getreide erhöht hatte. 1539 lehnten sie sich gegen Kaiser Karl V. auf, als er die Privilegien der Stadt verletzte. Meistens zogen die Genter jedoch als Verlierer vom Schlachtfeld und mussten ihren Stolz mit den in Friedenszeiten angehäuften Reichtümern bezahlen.

Nach der Niederwerfung durch die Spanier (1584) schien das Schicksal der Stadt besiegelt: Die meist protestantischen Kaufleute, Weber und andere Handwerker verließen die Stadt, ein Schlag für das wirtschaftliche und geistige Leben, von dem sich Gent erst im 18. und 19. Jh. erholte, als die Baumwollindustrie und der damit wieder aufblühende Handel für neuen Wohlstand sorgten. Stolz und Einsatz für ihre Rechte zeigen die Genter auch heute; die Stadt gilt als Hochburg der Arbeiterbewegung und Vorkämpferin flämischer Eigenständigkeit.

Historischer Stadtkern

Die interessantesten Bauten Gents liegen im gut erhaltenen und überschaubaren historischen Stadtkern am rechten Ufer der Leie zwischen der Grafenburg und der Kathedrale.

*Sint-Baafskathedraal ❶

Mit dem alles beherrschenden Bau der dreischiffigen Kathedrale wurde 1228 begonnen. Mitte des 14. Jhs. konnte der frühgotische Chor fertig gestellt werden; zwei Jahrhunderte später folgten der 80 m hohe Turm, Langhaus und Querschiff. Der Innenraum fasziniert durch seine großartige barocke Ausstattung: eine geschnitzte Holzkanzel (1745) von Delvaux und das Bild Eintritt des hl. Bavo ins Kloster von P. P. Rubens.

Ein Kunstwerk von Weltrang ist der **Genter Altar** (1420–1432) der Brüder Hubert und Jan van Eyck. Auf 22 Tafeln des Flügelaltars ist in beeindruckenden Szenen die Heilsgeschichte vom Sündenfall bis zur Erlösung dargestellt. Der kostbare ***Kirchenschatz** wird in der vom Vorgängerbau der Kathedrale erhaltenen Krypta ausgestellt.

Am Ufer der Leie

Gotische Sint-Baafskathedraal

*Belfried ❷

Höher als der Turm der Kathedrale ist der Belfried gegenüber, Machtsymbol des Bürgertums im 14. Jh. Seine Spitze bildet eine Drachenfigur, die Kampfeslust verkörpert. Das ***Glockenspiel** stammt aus dem 17. Jh. Die dem Belfried angeschlossene Tuchhalle (Lakenhalle), einst Verkaufs- und Lagerraum der weltweit bekannten flandrischen Tuche, entstand im 15. Jh.

*Stadhuis ❸

Das Rathaus an der Westseite des **Botermarkts** wurde in der Spätgotik begonnen, gilt aber, bedingt durch die lange Bauzeit, als eine architektonische Glanzleistung der Renaissance (Führungen Mo–Do nachmittags).

St. Niklaaskerk ❹

Im 13. Jh. erbaut, ist die Nikolauskirche mit ihrem von vier Ecktürmen flankierten Vierungsturm ein typisches Beispiel für die Scheldegotik. An der Kleinen Turkije, so benannt nach dem Gildehaus der Gewürzhändler, die ihre Ware vor allem aus der Türkei bezo-

gen, stehen prächtige Bürgerhäuser. In den an die Kirchenmauer angebauten Läden (1624) sind Devotionalien angeboten, und der sich anschließende Korenmarkt wird von vielen Straßencafés und Restaurants gesäumt.

St.-Michielskerk ❺

Zum Erkennungszeichen des 1440 begonnenen und erst 1648 im Stil der Brabanter Gotik fertig gestellten Sakralbaus gehört der unvollendete Turm. Das wuchtige Erscheinungsbild wird durch die Chor- und Seitenkapellen verstärkt. Im Inneren ist das Gemälde **»Kreuzigung Christi«** (1630) von Anthonis van Dyck sehenswert.

*Giebelhäuser der Zünfte

Eine Treppe führt von Sint-Michielsbrug zur Kornlei hinunter, von wo aus man den schönsten Blick auf die gegenüberliegende Kaimauer der Graslei, des ältesten Hafens von Gent, hat.

Die Reihe prachtvoller Giebelhäuser der Zünfte gilt als stolzes Symbol für Macht und Unternehmungsgeist ihrer Erbauer. Links neben dem neugotischen **Postgebäude** (1903) steht das **Haus der freien Binnenschiffer** im Stil der Brabanter Gotik (1531), daneben das spätbarocke **Haus der Getreidemesser** (1698). Der fast 800 Jahre alte romanische Getreidespeicher ist »aus der Flucht gebaut«, das heißt, die Fassade neigt sich pro Meter Höhe

Die Festung s'Gravensteen

Giebel des Rathauses

um einen Zentimeter aus dem Lot nach vorne. Damit wurde früher das Hochhieven der Säcke erleichtert.

Vleeshuis ❻

Über die Grasbrug (Schiffsanlegestelle) gelangt man zur Großen Fleischhalle am Groentenmarkt (1406–1410), früher Verarbeitungs- und Verkaufshalle der Metzgerzunft. Im Penshuizekens (Kaldaunenhäuschen) versorgten sich Arme mit minderwertigen Teilen der Schlachttiere.

*Festung s'Gravensteen ❼

Die umgebaute Grafenburg aus dem 12. Jh. erlebte blutige Kämpfe zwischen den Bürgern der freien Stadt Gent und den Territorialherren der Stadt. Später diente der »Steen« als Kerker und Sitz von Gerichten.

Gerberviertel Patershol

Westlich der Kraanlei schließt sich das ehemalige Gerberviertel an, später das Arbeiterviertel. Jetzt findet man hier Kunsthandwerker, Antiquitätenhändler und Boutiquen. 18 flämische Häuschen, ein Kinderhospiz, beherbergen das **Museum voor Volkskunde** ❽ (tgl. außer Mo 9.30– 17 Uhr).

Vrijdagsmarkt

Über die Zuivelbrug geht es zum **Grootkanonplein** ❾, der nach der Dulle Griet, einer 15 Tonnen-Kanone, benannt ist, Beutestück eines Feldzugs gegen die Burgunder. Der Vrijdagsmarkt ist das Zentrum der Stadt. Die Nordwestseite des Platzes wird von der mächtigen Fassade des Ons Huis, Sitz der Sozialistischen Arbeitervereinigung, bestimmt. Im Turm des **Toreken** (1460), Zunfthaus der Gerber, tagte die Abnahmekommission der Leinenweber. Stücke schlechter Qualität wurden zur Schande des Handwerkers öffentlich zur Schau gestellt.

Außerhalb des Stadtkerns

*Museum voor Schone Kunsten ❿

Im Citadelpark. Werke von Rubens, van Dyck, Pourbus, Jordaens, Frans Hals (tgl. außer Mo 9.30– 17 Uhr).

Beginenhöfe

Neben dem Hof (13. Jh.) an der St.-Elisabethkirche gibt es zwei Beginenhöfe jüngeren Datums: die barocke Anlage in der Lange Violettstraat (17./18. Jh.) und den Großen Beginenhof (1872) in **St.-Amandsberg** ⓫.

Museum S.M.A.K.

Kurator Jan Hoet bringt hier kunstsinnigen Mitmenschen die Werke innovativer Künstler nahe (Citadelpark, www.smak.be, Di–So 10–18 Uhr).

 Dienst voor Toerisme, Predikherenlei 2, 9000 Gent, Tel. 09/2 25 36 41, www.gent.be.

Sofitel Gent Belfort, Hoogpoort 63, Tel. 09/2 33 33 31, Fax 2 33 11 02, www.sofitel.com. Mitten im Einkaufsviertel. Neuer Sauna- und Fitnessbereich. Restaurant, gepflegte Genter Küche. ○○○

▌ **Erasmus,** Poel 25, Tel. 09/224 21 95, Fax 2 33 42 41, www.hotels-belgium.

com/gent.erasmus-gent-du.htm Stilvolle Eleganz in individuell eingerichteten Zimmern im historischen Stadtkern. Gepflegter Garten. ○○○

▌ **St. Jorishof,** Botermarkt 2, Tel. 09/ 2 24 24 24, Fax 2 24 26 40, www.courstgeorges.com Gebäude aus dem 13. Jh. mit sorgsam restaurierten und modernisierten Zimmern (Queen Mary Room). Renommiertes Restaurant. ○○

Graaf van Egmond, St.-Michielsplein 21, Tel. 09/2 25 07 27. Historisches Lokal im Zentrum. ○○

▌ **Capitain Oliver,** Voormuide 12, Tel. 09/223 33 07, Traditionslokal, in dem es Spezialitäten vom Grill gibt. ○

❶ St.-Baafskathedraal
❷ Belfried
❸ Stadhuis
❹ St.Niklaaskerk
❺ St.-Michielskerk
❻ Vleeshuis

❼ s'Gravensteen
❽ Museum voor Volkskunde
❾ Grootkanonplein
❿ Museum voor Schone Kunsten
⓫ St.-Amandsberg

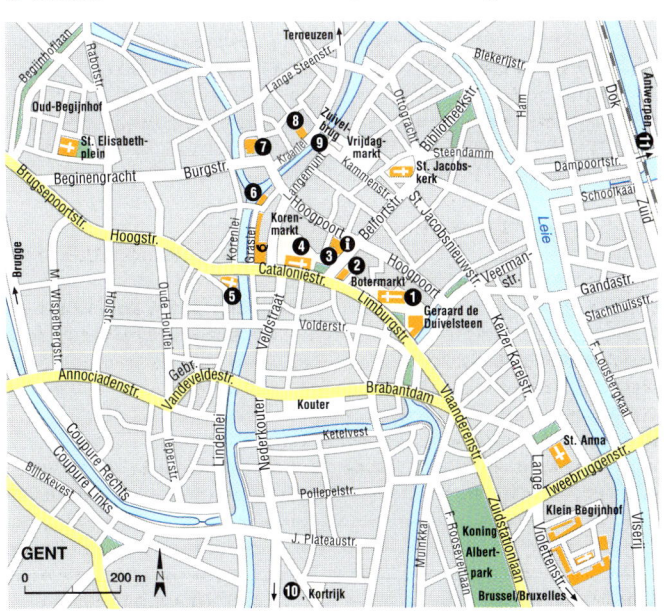

Lüttich

Herbe Schönheit

Laut, rußig, düster – Lüttich (frz. *Liège*, fläm. *Luik*; 190 000 Einw.), die Industriestadt an der Maas, die »Stadt mit dem eisernen Himmel«, macht es dem Besucher nicht leicht, sie schätzen zu lernen. Doch hat man den Ring aus Stahlwerken und Industrievierteln hinter sich gelassen und die Innenstadt erreicht, kann man sich auf einen angenehmen Tag freuen. Hier, an der Grenze zwischen romanischem und germanischem Sprachraum, wähnt man sich bereits in Frankreich – ein Blick auf die Speisekarten der Restaurants zeigt es deutlich. Doch vor allem ist Lüttich eine Kunststadt: Die Kirchen mit ihren Schätzen, die Museen und Bauwerke aus verschiedenen Epochen zeugen von klerikaler Macht, wirtschaftlichem Wohlstand und regem Kulturaustausch, der die Eigenart der französischsten Stadt Belgiens und ihrer Einwohner prägte.

Geschichte

Zu Beginn des 8. Jhs. als Pilgerstätte über dem Grab des hl. Lambert gegründet, wurde Lüttich schon im Jahr 721 Bischofssitz. Eine erste Blütezeit erlebte die Stadt um die erste Jahrtausendwende. Damals ließ Fürstbischof Notger (gest. 1008), bekannt als Förderer von Kunst und Wissenschaft, die Kathedrale und einen Bischofspalast erbauen. Die ständigen Kämpfe zwischen dem aufstrebenden Bürgertum und der herrschenden Geistlichkeit begründeten im 14./15. Jh. den Ruf Lüttichs als *Cité ardente,* als hitzige, feurige Stadt. Der Zerstörung durch den Burgunderherzog Karl den Kühnen folgte im 16. Jh. unter Fürstbischof Erard de la Marck der Wiederaufbau im prachtvollen Stil der Renaissance. Kohlevorkommen und die in ganz Europa berühmten Waffenschmieden sorgten schon im 16. Jh. für einen wirtschaftlichen Aufschwung. Als Ausgangspunkt der technischen Revolution auf dem Kontinent entwickelte sich Lüttich im 18. und 19. Jh. zum bedeutenden Industrierevier und war aufgrund seiner Rüstungsbetriebe in den Weltkriegen heiß umkämpft. Nach dem Niedergang der Eisen- und Stahlindustrie sieht Lüttich heute wirtschaftliche Chancen im Rahmen des EU-Binnenmarkts.

Sehenswürdigkeiten

*Palais des Princes-Evêques ❶

Der Fürstbischöfliche Palast (1526 bis 1538 erbaut) ist der die Stadtsilhouette beherrschende Blickfang auf der Place St-Lambert. Hinter der neugotischen Fassade verbergen sich zwei mit Arkaden geschmückte Innenhöfe der Frührenaissance.

Place du Marché ❷

Die Nachbildung des mittelalterlichen Gerichtspfahls *(Le Perron)* auf dem 1697 von Jean Delcour geschaffenen Brunnen gilt auf dem Marktplatz als das Symbol städtischer Freiheit und der eigenen Gerichtsbarkeit. Hier steht auch das barocke **Hôtel de Ville** (Rathaus) mit seinem wappengeschmückten Giebel (1714).

Auf einer Bronzeplatte entdeckt man den Namen Maigret, einen in den 1930er Jahren mehr als stadtbekannten Polizisten, der als Hauptfigur der Kriminalromane des Lütticher Autors Georges Simenon (1903–1989) Unsterblichkeit erlangte.

Musée d'Ansembourg ❸

Das prachtvolle Interieur dieses herrschaftlichen Hauses in den mit Delfter Kacheln und Stuckdecken dekorierten Räumen vermittelt einen Eindruck großbürgerlicher Wohnkultur des 18. Jhs. Sehenswert sind die kostbaren geschnitzten Möbel, die Porzellansammlung und die Bibliothek der Familie Ansembourg.

Tipp Lebendig wird es hier am Wochenende, wenn am Kaiabschnitt La Batte der größte **Flohmarkt** Belgiens stattfindet. Die Art und Weise, wie die Waren – neben allerlei Nippes und Tand auch Kurzwaren, Autozubehör und Käsespezialitäten sowie knackfrisches Gemüse, Fisch und Geflügel – verkauft werden, lässt ein Stück Lüticher Lebensart spürbar werden.

❶ Palais des Princes-Evêques
❷ Place du Marché
❸ Musée d'Ansembourg
❹ Musée d'Armes
❺ Maison Curtius
❻ St-Barthélémy
❼ Zitadelle
❽ Minoritenkloster
❾ St-Jean
❿ Cathédrale St-Paul
⓫ St-Jacques

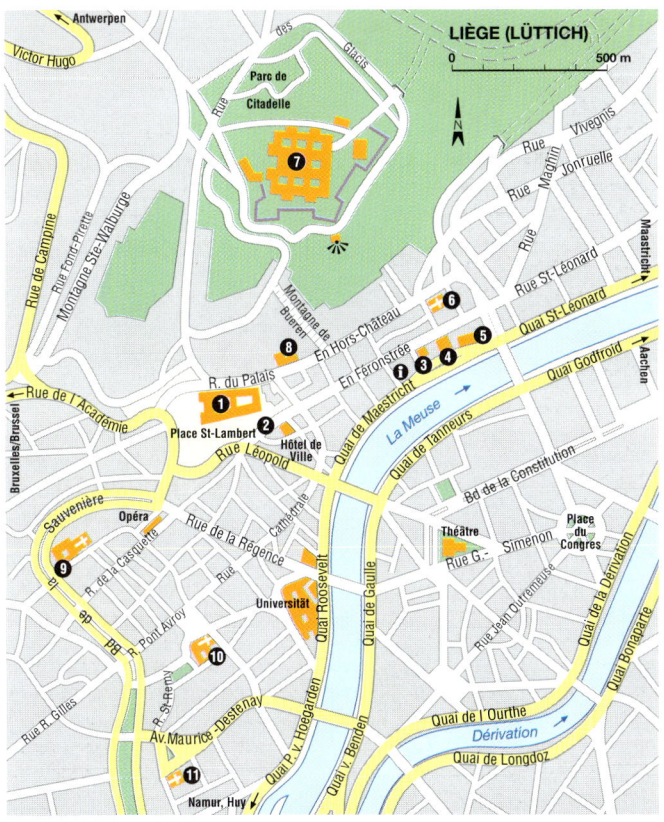

Die berühmte romanische Kirche St-Barthélémy

Wegen des Neubaus eines modernen Museumskomplexes inmitten der Altstadt sind das **★Musée d'Armes ❹** und die **★Maison Curtius ❺** sowie das Lütticher Glasmuseum voraussichtlich bis zum Herbst 2003 geschlossen.

St-Barthélémy ❻

Das massive Westwerk dieses romanischen Baus an der Place Janson nordöstlich des Marktplatzes mit den beiden Türmen ist charakteristisch für den gesamten Raum zwischen Rhein und Maas. Das berühmteste Kunstwerk Lüttichs, ein romanisches **★★Taufbecken** (1107 bis 1110), hat hier seinen Platz gefunden. Dem Goldschmied Renier de Huy gelang es, mit dieser Messinggussarbeit an eine im Mittelalter vergessen geglaubte Kunstform der Antike anzuknüpfen und gleichzeitig der Renaissance vorzugreifen.

An der Rue des Brasseurs überrascht ein postmodern gestalteter Innenhof des bekannten Lütticher Architekten Charles Vandenhove. Von der Straße En Hors Château verlaufen mehrere schmale Sackgassen wie die Impasse de la Couronne in die ältesten Wohnquartiere der Stadt.

Durch eine Privatinitiative konnten die Fachwerkhäuser des früheren Rotlichtviertels zum Teil liebevoll restauriert werden. So wurde unversehens eine neue innerstädtische Hinterhofidylle geschaffen.

Zitadelle ❼

Hier endet die Treppenstraße Montaque de Bueren vor dem Parc de la Citadelle, der die Festung, die zu einem Krankenhaus umgebaut wurde, umgibt. Die im Jahr 1891 nördlich über der Stadt fertig gestellte und in beiden Weltkriegen stark beschädigte Anlage bietet eine hervorragende Aussicht auf Lüttich und das Maastal.

Minoritenkloster ❽

Die noch bestehenden Gebäudeteile der vorbildlich restaurierten Anlage mit dem durch Arkaden vom Innenhof getrennten Kreuzgang wurden im 17. Jh. im maasländischen Renaissancestil errichtet. Hier ist die Sammlung des **Musée de la Vie Wallonne,** des Wallonischen Heimatmuseums, untergebracht.

St-Jean (Johanniskirche) ❾

Die unter Bischof Notger um 980 nach dem Vorbild der Aachener Pfalzkapelle erbaute Kirche wurde 1754–1757 unter Beibehaltung des achteckigen Grundrisses vollständig erneuert. Ein Madonnenbild und eine Kreuzigungsgruppe (13. Jh.) sind die kostbarsten Kunstwerke. Der Turm mit einem Glockenspiel stammt aus dem 12. Jh.

Cathédrale St-Paul ❿

Nach dem Abriss der alten Bischofskirche Lüttichs wurde die im 14./15. Jh. gotisch umgebaute weiträumige ehemalige Stiftskirche aus dem 10. Jh. zur Kathedrale St. Paul erhoben. Zu ihrem reichen **★★Kirchenschatz** gehört eine vergoldete Reliquienbüste des

hl. Lambert – sie ist ein Sühnege-
schenk Karls des Kühnen an jene
Stadt, die er zuvor zerstören ließ.

*St-Jacques (Jakobskirche) ⑪

Durch ein prächtiges Renaissanceportal und eine romanische Vorhalle
betritt man den weiten, von einem filigranen Netzrippengewölbe über-
spannten gotischen Innenraum von
St. Jacques. Sehenswert sind das
Chorgestühl aus dem 14. Jh. sowie die
bedeutenden Glasgemälde (16. Jh.).

Tipp Am zweiten und vierten Sonntag im Monat bietet das
Verkehrsamt deutschsprachige the-
matische Stadtführungen an: Beginn
14 Uhr vor dem Verkehrsamt, Dauer
zweieinhalb Stunden. Anmeldung:
Tel. 04/ 221 92 21 oder www.liege.be

Office de Tourisme,
92, En Féronstrée, 4000 Liège,
Tel. 0 41/221 92 21, Fax 22 92 22,
www.liege.be.

Ramada,
100, bd. Sauvenière,
Tel. 0 41/21 77 11, Fax 21 77 01,
http://ramali.cyclone.be. Zentrums-
nahe Luxusherberge. ○○○
❚ **Ibis,** 41, pl. de la République
Française, Tel. 0 41/23 60 85,
Fax 23 04 81, www.ibishotel.com.
Das durchaus solide Hotel liegt
verkehrsgünstig in der Altstadt. ○○

Campanile, rue Jules de
Laminne, Tel. 0 41/24 02 72,
Fax 24 03 80. Etwas außerhalb gele-
gen. Geboten wird gutbürgerliche
Küche. ○○
❚ **Chez Max,** 12, pl. de la République
Française, Tel. 0 41/22 90 02. Bekannt
für Fischspezialitäten. ○○
❚ **Le Duc D'Anjou,** 127, rue Guillemins,
Tel. 0 41/52 28 58. Gute Küche. ○○

Tour 1

Vielfältige Naturerlebnisse

1

Seite 55

**Eupen → Malmédy → *Namur
→ Hasselt → *Tongeren → Visé
→ Eupen (405 km)**

Die Rundfahrt durch den Ostteil
Belgiens macht mit einigen markan-
ten Landschaftsformen bekannt: In
den deutschsprachigen Ostkantonen
liegt die fremdartig anmutende
Hochmoorlandschaft des Hohen
Venn, im malerischen Tal der Maas
kommt man in kleine, bedeutende
Kunststädte, die den längeren
Besuch lohnen. Im blühenden
Limburg reihen sich verträumte
Städtchen aneinander, die einen
eigenen, noch weitgehend un-
entdeckten Charme besitzen.

Drei Tage sind nicht zu viel für die
Tour, die mit Wanderungen und
Höhlenbesichtigungen ein reichhalti-
ges Programm bietet.

Eupen ❶

Die Kreis- und Industriestadt (18 500
Einw.) 18 km südlich von Aachen
gehört zum deutschsprachigen Teil
Belgiens und ist Sitz der Verwaltung
der deutschen Bevölkerungsgruppe.
Im 17./18. Jh. entwickelte sich in
Eupen eine erfolgreiche Tuchmanufak-
tur. Sie brachte der Stadt Wohlstand,
der sich noch an den Patrizierhäusern
ablesen lässt. Außer ihnen hat nur die
Kirche **St.-Nicolas** mit schönen Ba-
rockaltären die Bombardierung der
beiden Weltkriege überstanden.

1

Seite
55

ℹ️ **Tourist Information,** Marktplatz 7, 4700 Eupen, Tel. 0 87/55 34 50, Fax 55 66 39.

Eupen und Malmédy liegen am Rande des **Naturparks Hohes Venn** *(Hautes Fagnes)*, einem Teil des Deutsch-Belgischen Naturparks (2400 km²). Die seltene Flora und Fauna sind streng geschützt, nicht immer sind daher alle Teile des Naturparks zugänglich: www.naturpark-hohesvenn-eifel.de.

Tipp Richtung Malmédy erreicht man 14 km hinter Eupen die **Baraque Michel** (675 m), eine geodätische Station mit Restaurant, Ausgangsort eines Naturlehrpfades durch ein ehemaliges Torfstichgebiet.

Ostkantone

Eupen und Malmédy, diese Namen rufen Erinnerungen an die beiden Weltkriege wach. Über hundert Jahre lang waren die belgischen Ostkantone ein Zankapfel der europäischen Großmächte. 1815 den Preußen zugesprochen, nach dem Ersten Weltkrieg dem belgischen Staatsgebiet zurückgegeben und 1940 dem Deutschen Reich eingegliedert, litten die Bewohner von Eupen, Malmédy und St. Vith unter den Bombardements des Zweiten Weltkrieges. Als Folge dieser Ereignisse normalisierte sich die Situation der deutschsprachigen Belgier im Land erst spät. Heute genießen sie weitgehende Autonomie in kulturellen Fragen. Der belgische König hält einen Teil seiner traditionellen Neujahrsansprache auf Deutsch.

Malmédy ❷

Inmitten der Hügellandschaft der Ardennen liegt am Ufer der Warche der malerische Ferienort (11 000 Einw.). Die Stadt litt schwer unter den Kriegen, zuletzt wurde sie während der Ardennenoffensive 1944 schwer beschädigt. Die barocke **Kathedrale** (18. Jh.) allein ist einen Besuch wert.

ℹ️ **Ancienne Abbaye,** 10, pl. du Châtelet, 4960 Malmédy, Tel. 0 80/33 02 50, Fax 77 04 36.

🏠 **Ffaulty Towers,** 45, Route de Hottleux, Tel. 0 80/77 04 36, Fax 33 79 10, www.mediardenne.com. Originelles Gästehaus, familiäre Atmosphäre. ○○

▌ **Trôs Marets,** Route de Trôs Marets, Tel. 0 80/33 79 17, Fax 33 79 10, http://travel.yahoo.com/p/hotel Schönes Hotel mit allen Annehmlichkeiten. ○○○

🍴 **Ferme Libert** in Bévercé-Village Nr. 26, Tel. 0 80/ 33 02 47. Schönes Landgasthaus mit guter Küche (Wild). ○○○

Tipp Die besten Fritten isst man in der Imbissstube **l'Ange Gourmand** mit einem Dutzend Soßen.

*Stavelot ❸

Als Karnevalshochburg in den Ardennen ist das malerische Städtchen (6000 Einw.) die Heimat der Blancs Moussis, skurriler Gestalten in weißen Kapuzenmänteln, die sich am 3. Sonntag vor Ostern (Laetare) zu einer fröhlich lärmenden Parade versammeln.

Die barocke Kirche St-Nicolas in Eupen

Seite
55

Das Kasino im Thermalbad Spa wurde gegen Ende des 19. Jhs. gebaut

Seinen Ursprung hat der Brauch in der altehrwürdigen Abtei aus dem 16. Jh. Es war einmal ein Zentrum klösterlicher Kultur und beherbergt nun einen abwechslungsreichen Museumskomplex sowie den Kirchenschatz von **St-Sébastian** (18. Jh.) mit dem prächtig verzierten Reliquienschrein des hl. Remaclus (13. Jh.).

Die Abtei ist der stimmungsvolle Rahmen für ein ehrgeiziges Veranstaltungsprogramm (Tel. 0 80/86 27 06, www.abbayedestavelot.be).

Tipp Die Motorsportfreunde tauchen im **Musée Spa-Franchorchamps** in die Welt der nahen Motorradrennstrecke ein. Zu besichtigen sind hier heiße getunte Motorräder und so mancher der PS-starken Boliden: www.spa-francorchamps.be.

Großes Feuer

Grand Feux oder auch Burgbrennen heißt in der Wallonie und den Ostkantonen der Brauch, am Ende der Fastnacht den Winter zu vertreiben. Symbolfiguren werden verbrannt – und danach der Frühling mit einem großen Feuer begrüßt.

Thermalbad Spa ❹

Die Kurstadt Spa (9700 Einw.) etwa 30 km südlich von Lüttich lebt vom guten Ruf ihrer Mineralquellen. Von vergangener Pracht und königlichen Kurgästen – Zar Peter der Große und Kaiser Wilhelm II. weilten in der Glanzzeit im 18. Jh. hier – zeugen die Bauten aus dem 19. Jh. (Kursaal und Kasino).

Spa ist ein guter Ausgangspunkt für Wanderungen in den Ardennen. Der gepflegte Kurort verfügt über ein reichhaltiges Sportangebot.

 Verkehrsamt, 41, pl. Royale, 4900 Spa, Tel. 0 87/79 53 53, www.spa.be.

 La Heid des Pairs, 143, av. Prof.-Henri-Jean,
Tel. 0 87/77 43 46, Fax 77 06 44, www.belgiumdesign.com /allhotels/ Das luxuriöse Haus liegt in einem wunderschönen Park. ○○○
▮ **Le Relais,** 3, pl. du Monument, Tel. 0 87/77 11 08, Fax 77 25 93. Zentral gelegen, gutes Restaurant. ○

 L'Auberge et sa Résidence, 3–4, pl. du Monument,
Tel. 0 87/77 44 10. Französische Küche und ausgezeichnete Fischspezialitäten. ○○

Sougné-Remouchamps ❺

Der Ferienort (8500 Einw.) im Tal der Amblève besitzt eine spektakuläre ***Tropfsteinhöhle.** Im Eingang suchten die Menschen in vorgeschichtlicher Zeit Unterschlupf. Der Abstieg zum **Rubicon,** dem unterirdischen Nebenfluss der Amblève, führt unter angestrahlten Stalaktiten hindurch. Mit dem Boot fährt man zurück.

Tal der Maas

Über Esneux im Tal der Ourthe erreicht man das **Tal der Maas** *(Meuse).* Dieser große europäische Fluss entsprint in Ostfrankreich und bildet fast 1000 km später in den Niederlanden mit dem Rhein eine gewaltige Deltamündung. Er spielte für Verkehr und Handel stets eine wichtige Rolle. An seinen Ufern fanden sich Spuren früher Besiedlung.

Amay ❻

Bei Umbauten der romanischen Pfarrkirche **St-Georges** von Amay (13 000 Einw.) wurden prächtige Funde aus merowingischer Zeit gemacht, u.a. der Sarkophag der hl. Chrodoara. Im linken Querschiff steht ein wundervoller Reliquienschrein (13. Jh.).

Hinter der Kirche führt eine Nebenstraße parallel zur Meuse zum Wasserschloss **Jehay** aus dem 16. Jh. Die Fassade mit dem Schachbrettmuster weißer und brauner Steine und der Skulpturengarten mit Elfen und Najaden ist nur an den Sommerwochenenden zugänglich (Tel. 0 85/31 17 16).

*Huy ❼

Seit dem 7. Jh. pflegt die Stadt Huy (fläm. *Hoei*; 18 000 Einw.) die Tradition der Zinngießerei. Peter der Einsiedler

Seite 55

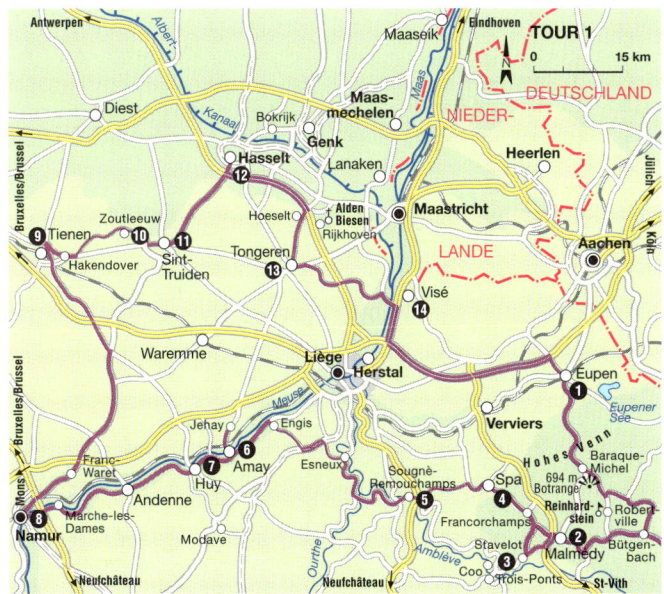

1

Seite 55

rief hier 1095 zum Ersten Kreuzzug auf, später wurde er im Kloster Neufmoustier begraben. Huy rühmt sich zudem aufgrund einer Urkunde von 1066 der ältesten freiheitlichen Verfassung Europas.

Die Stiftskirche **Notre-Dame** aus dem 14./15. Jh. mit einer romanischen Krypta gilt als der wichtigste hochgotische Bau Belgiens. Berühmt sind besonders die mächtige Fensterrosette, im einheimischen Dialekt »Li Rondia« genannt, mit 9 m Durchmesser, das Bethlehem-Portal (14. Jh.) und der kostbare Kirchenschatz mit vier einzigartigen Reliquienschreinen (12./13. Jh.). Die originalen Fenster der beeindruckenden Kirche wurden 1944 leider zerstört.

Auf der **Grand' Place** steht vor dem Rathaus der Brunnen Li Bassinia (18. Jh.), bei dessen Bau man ältere Bronzefiguren wieder verwendete. Im **Gemeindemuseum** (früher Franziskanerkloster, 17. Jh.) werden Sammlungen zur Lokalgeschichte gezeigt, wie der gotische Beau Dieu de Huy.

In der **Zitadelle** (19. Jh.), dem ehemaligen Staatsgefängnis, das man auch mit einer Seilbahn erreichen kann, wurden im Ersten Weltkrieg deutsche Soldaten ausgebildet; im Zweiten Weltkrieg war es Durchgangslager für Menschen, die das nationalsozialistische Regime als »unwertes Leben« einstufte und zur Ermordung in die Gaskammern schickte (kleines Résistance-Museum).

ℹ **Office de Tourisme,** 1, quai de Namur, 4500 Huy, Tel. 0 85/21 29 15, Fax 23 29 44.

🏠 **Du Fort,** 6, Chaussée Napoléon, Tel. 0 85/21 24 03, Fax 23 18 42, www.huy.net. Dieses einfache, aber sehr gut geführte Hotel liegt unterhalb der Festung. ○

🍴 **La fleur des Iles,** rue Griage, Tel. 0 85/23 65 41. Afro-karibische Küche. ○○

Ein Abstecher nach **Marche-les-Dames,** einer Zisterzienserinnenabtei aus dem 12. Jh., empfiehlt sich 9 km hinter Andenne durch beeindruckende Gebäude (13./18. Jh.). Eine Gedenktafel am Felsen von Marche-les-Dames erinnert an den Tod König Alberts I. im Jahr 1934, der hier bei einer Klettertour abstürzte.

*Namur ❽

Die Hauptstadt (105 000 Einw.) der gleichnamigen Provinz wurde während der Römerzeit am strategisch wichtigen Zusammenfluss von Sambre und Meuse (Maas) gegründet und war häufig Schauplatz von Kriegen.

Relikt dieser Zeit ist die **Zitadelle** hoch über der Stadt. Von oben bietet sich ein wunderschöner Blick. Sehenswert sind außerdem die klassizistische Kathedrale **St-Aubain** und die Barockkirche **St-Loup,** die früher zu einem Jesuitenkolleg gehörte.

Das **Diözesanmuseum** (Musée Diocésain et Trésor) neben der Kathedrale lohnt wegen seiner Kunstschätze (11.–13. Jh.) und seiner Sammlung seltener Gläser einen Besuch. Ein weiterer musealer Höhepunkt ist die Besichtigung des **Institut des Sœurs de Notre-Dame** (17, rue Julie-Billiart) mit herrlichen Goldschmiede- und Nielloarbeiten von Hugo d'Oignies (13. Jh.). In der ehemaligen Fleischhalle aus dem 16. Jh. ist das **Musée Archéologique** mit einer Sammlung merowingischer Kleinkunst und diversen archäologischen Funden untergebracht.

ℹ **Office de Tourisme,** Square de l'Europe Unie, 5000 Namur, Tel. 0 81/24 64 49, Fax 24 71 28.

Château de Namur,
1, av. Ermitage,
Tel. 0 81/74 26 30, Fax 74 23 92,
www.chateaudenamur.be
Im Schatten der Zitadelle; angehende
Hotelfachleute lernen hier ihr Hand-
werk. ❍❍❍

▪ **New Hotel de Lives,**
1178, Chaussée de Liège,
Tel. 0 81/58 05 13,
www.newhoteldelives.com
Familiär geführtes Hotel in einem
ehemaligen Herrenhaus. ❍❍

La Bergerie, 5101 Lives-sur-
Meuse, 100, rue Mosanville,
Tel. 0 81/58 06 13. Köstlich speisen
in romantischem Park; Lammspeziali-
täten. ❍❍❍

▪ **La Petite Fugue,** 5, pl. Chanoine-
Descamps, Tel. 0 81/23 13 20.
Sehr gute Küche zu annehmbaren
Preisen. ❍❍

Die Tour verlässt nun die hügelige
Landschaft Ostbelgiens, wendet sich
nach Norden und führt durch plattes
Land mit sehr stimmungsvollen Städtchen, deren Charme noch weitgehend
unentdeckt ist.

Tienen ❾

Das hübsche Tienen (frz. *Tirlemont;*
32 000 Einw.) im lößbedeckten Acker-
land des Haspengaus ist bekannt als
Zentrum der Zuckerproduktion- und
verarbeitung. Direkt am Grote Markt
liegt die **Onze-Lieve-Vrouw-ten-Poel-
kerk,** ein Bau im Stil der Brabanter
Gotik, der jedoch bis auf den Chor, das
Querschiff und den eleganten Turm
nie vollendet wurde. Das großartige
Portal von Jean d'Orsay (1360) wirkt
wie ein hinzugefügter Fremdkörper.
  Die Madonnenfigur, die früher die
Mitte des Tympanons einnahm, befin-

Namur: Blick von der Zitadelle

det sich jetzt über dem Hauptaltar.
Das städtische **Museum** im ehemaligen Gefängnis (16. Jh.) zeigt Keramik-
und Goldschmiedearbeiten.
  Am **Wolmarkt** verdienen die Renaissancehäuser (Nr. 19 und Nr. 21)
Beachtung. In der **St.-Germanuskerk**
nahe dem Veemarkt mit ihrem mächtigen Turm im Renaissancestil werden
Glockenspielkonzerte veranstaltet
(Juli/Aug. Mi vormittags). Der gotische
Chor und das Kirchenschiff entstanden aber im 14. und 15. Jh.

Zoutleeuw ❿

Einen Besuch des verträumten Städt-
chens (frz. *Léau;* 8000 Einw.) darf man
nicht versäumen. Das Schmuckstück
des Ortes ist die **St.-Leonardskerk**
(13.–16. Jh.), die einzige Kirche Belgiens, die von den Bilderstürmern und
der Französischen Revolution verschont blieb. Interessantester Teil der
Innenausstattung ist das 18 m hohe
Tabernakel aus der Renaissance (nur
nachmittags bis 17 Uhr; Mo geschl.).

1

Seite
55

1

Seite
55

Sint-Truiden ⑪

Allwöchentlich (Do 6–9 Uhr) zieht die Kleinstadt (frz. *Saint-Trond;* 36 500 Einw.) 35 km nordwestlich von Lüttich die Landwirte der Umgebung an, die zum Viehmarkt strömen. Mittelpunkt ist der **Grote Markt** mit seinen hübschen Giebelhäusern.

Die Stadtsilhouette wird von drei Türmen geprägt: dem romanischen Glockenturm der ehemals mächtigen **Benediktinerabtei** Sint-Truiden, dem gotischen Turm der **Liebfrauenkirche** und dem **Belfried** (17. Jh.; Glockenspiel). Lediglich die Ausmaße der Sakralbauten dieser Stadt lassen heute noch Rückschlüsse auf die einstige Bedeutung der Benediktinerabtei für das wirtschaftliche und kulturelle Leben in diesem Gebiet zu.

Etwa 15 Gehminuten vom Zentrum entfernt liegt im Stadtteil Schurhoven der **Beginenhof** *(Begijnhof),* in den sich früher fromme adlige Damen für einen Lebensabend in klosterähnlicher Einkehr einkauften. Die Kirche entpuppt sich als ein außergewöhnliches Schatzkästchen sakraler Kunst (Museum) mit bemerkenswerten gotischen Wandmalereien. Sehenswert ist die astronomische Uhr (1942) im Nebengebäude.

> ℹ **Stadhuis,** Grote Markt 68, 3800 Sint-Truiden,
> Tel. 0 11/68 62 55, Fax 69 11 78.

> Im **Nationalen Genever-museum** von Hasselt (Witte Nonnenstraat 19, Tel. 0 11/24 11 44) lässt sich die Geschichte des hochprozentigen Kornbranntweins mit Wacholderaroma mit allen Sinnen erleben.

Hasselt ⑫

Die Provinzhauptstadt Limburgs (65 000 Einw.) ist das überregional bedeutende Geschäftszentrum, das im Süden an Felder und Obstgärten grenzt. Am Grote Markt stehen noch eine ganze Reihe äußerst prächtiger Fachwerkhäuser aus dem 16. Jh. und ganz in der Nähe die gotische **St.-Quentinkerk** mit ihrem gedrungenen Turm (13. Jh.).

In der nahen **Onze-Lieve-Vrouwe-kerk** (18. Jh.) verdienen die Marmorskulpturen (Hauptaltar von Jean Delcour, 17./18. Jh.) und die Madonnenfigur im Chor Beachtung. Die Madonna wird alle sieben Jahre (das nächste Mal 2003) bei einer Prozession im August durch die Stadt getragen.

Gemeinsam mit Experten aus der Partnerstadt Itami ließen die Hasseler Stadtväter im **Kapermaolenpark** den größten Japanischen Garten Europas anlegen.

Etwas nördlich von Hasselt lockt das Freilichtmuseum der **Domäne Bokrijk** mit rekonstruierten Dörfern, Weilern, Einzelgehöften sowie Mühlen, Werkstätten, Ställen und Scheunen; angeschlossen ist ein kleiner Tierpark (ganzjährig geöffnet).

Alden Biesen

Der ehemalige Sitz des Deutschordens liegt wunderschön im Grenzgebiet zwischen den Niederlanden und dem Rhein-Maas-Gebiet. Der aufwändig restaurierte Gebäudekomplex lässt die einst herausragende Bedeutung des Ordens erahnen.

> ℹ **Dienst voor Toerisme,** Lombaardstraat 3,
> 3500 Hasselt, Tel. 0 11/23 95 40, Fax 22 50 23.

Domäne Bokrijk

1

Seite
55

*Tongeren ⑬

Neben Tournai ist Tongeren (frz. *Tongres;* 30 000 Einw.), der Sitz einer Bezirksverwaltung des Haspengaus, die älteste Stadt Belgiens. Vor der **Onze-Lieve-Vrouwebasiliek** protzt auf dem Grote Markt des ländlichen Ortes ein Denkmal des Eburonenfürsten Ambiorix. Dargestellt wird ein kraftstrotzender Eburone, wie er sich 54 v. Chr. den Legionären Cäsars entgegenstellte. Die gotische Basilika dahinter befindet sich an der Stelle eines frühen Marienheiligtums (4. Jh.); ihr Fassadenturm (Glockenspiel) blieb unvollendet. Im Innenraum der Basilika gibt es herrliche »Dinanderien« (s. S. 68; Osterleuchter und Adlerpult, 14. Jh.), einen Antwerpener Schnitzaltar (16. Jh.) aus der Gotik und die farbig gefasste Holzstatue »Unserer Lieben Frau von Tongeren« (16. Jh.).

Der Kirchenschatz besteht aus einer wertvollen Sammlung sakraler Kunst. Prunkstücke sind Elfenbeinarbeiten, merowingischer Schmuck, kunstvoll gearbeitete Reliquiare und Kultgeräte aus der Zeit ab dem 6. Jh. Besonders auffällig ist ein großer Christuskopf (11. Jh.) mit befremdlichem, fast verächtlichem Gesichtsausdruck. An die Basilika schließt sich der romanische Kreuzgang an.

Der **Römerturm,** Teil der römischen Stadtbefestigung, stammt tatsächlich

Turm der Onze-Lieve-Vrouwebasiliek in Tongeren

aus der römischen Antike. Das **Gallo-Römische Museum** in einem modernen Bau gegenüber der Basilika präsentiert die Stadtgeschichte von 2000 Jahren anhand von Tausenden von archäologischen Fundstücken vor allem aus der Römerzeit in moderner, unterhaltsamer Form. Man verfolgte das Ziel, nicht die Ausstellungsstücke, sondern den Besucher in den Mittelpunkt der Erkundung zu stellen (geöffnet Sa, So 10–18 Uhr, Mo 12–17 Uhr, Di–Fr 9–17 Uhr).

Tipp Ein wichtiger Termin für die Blumenfreunde sind die **Rosentage von Schloss Hex** bei Tongeren. Dort kann man Mitte Juni sogar seltene Rosenarten aus dem 18. Jh. in voller Blüte bewundern (Tel. 0 12/74 73 41).

Etwas außerhalb von Tongeren, beim Bilzensteenweg, sind Reste der römischen Stadtmauern erhalten. Der **Begijnhof** wurde im 13. Jh. gegründet. Zentrum der Anlage ist die gotische Begijnkerk.

Farbenfroh und typisch

ℹ Stadthuisplein 9,
3700 Tongeren,
Tel. 0 12/ 39 02 55, Fax 39 11 43,
www.tongeren.be

Bus-/Bahnverbindung.

🍴 **Biessenhuys,** Hasseltsestraat 23. Das edle Restaurant mit schönem Garten wurde in einem alten Bürgerhaus eingerichtet. ○○

Visé ⑭

Der Ort (flämisch *Wézet;* 16 000 Einw.) am Ufer der Maas nahe der niederländischen Grenze wurde 1914 von deutschen Truppen geplündert und in Brand gesteckt. Heute ist Visé ein beliebter Ferienort (Wassersport).

Eine kunsthistorische Rarität ist der älteste Reliquienschrein (12. Jh.) der Maasregion in der Kirche **St-Martin,** der die Gebeine des hl. Hadelinus birgt. Das Meisterwerk entstand in der Abtei Celles (s. S. 66) bei Dinant.

Bis Eupen, dem Ausgangspunkt der Rundfahrt, sind es noch 35 km.

Tour 2

Wege zu versteckten Schätzen

Rundfahrt durch die Ardennen (405 km)

Die Ardennen sind ein flachwelliges Hochland, dessen Wildreichtum schon die Römer zu schätzen wussten. Auch wenn nur mittlere Höhen von 200 bis 500 Metern gemessen werden, bieten sie sich als ideales Wandergebiet an. Den Städten in den tief eingeschnittenen Flusstälern mit ihren typischen Steinhäusern sieht man es kaum an, dass sie fast alle nach dem Zweiten Weltkrieg wieder aufgebaut werden mussten. Heute nehmen sie Besucher freundlich auf: Wandern, Rad fahren, baden, Kajak fahren – die Ardennen sind ein idealer Ort für den Familienurlaub oder für ein verlängertes Wochenende. Die große Zahl an Kunstschätzen ermöglicht die Zusammenstellung einer abwechslungsreichen Rundfahrt, für die man in Anbetracht der vielen versteckten Schätze unterwegs drei bis vier Tage einplanen sollte.

Vom Ausgangspunkt Namur (s. S. 56) fährt man die ersten 22 km in südlicher Richtung auf der Autobahn A 4 in Richtung Arlon und erreicht Spontin.

Spontin ⑮

Der Ort im Flusstal des Bocq ist für seine Mineralquellen und die **Burg** bekannt. Die mittelalterliche »Bilderbuch-Festung« (12.–19. Jh.) liegt tief im Tal, inmitten des aufgestauten Flüsschens. Diese älteste bis heute ganzjährig bewohnte Burg Belgiens gilt als Paradebeispiel der frühesten Festungsarchitektur, an der die verschiedenen baulichen Veränderungen von der Gotik bis hin zur Renaissance nachvollziehbar sind. Teile der Burg können im Rahmen einer Führung besichtigt werden, bei der auch die wertvollen Kunst-, Porzellan- und Fayencensammlungen zu sehen sind.

Durbuy ⑯

Der malerische Ort an einer Schleife der Ourthe ist römischen Ursprungs und erfreut seine vielen Besucher während des Sommers mit farbenprächtigen Blumenbeeten und kulinarischen Überraschungen. Schon seit dem 10. Jh. ist hier eine Festung belegt; 1331 wurden dem Ort die Stadtrechte verliehen. Bei einem Bummel durch den Ort kann man Reste der Verteidigungsanlagen, Häuser aus dem 17. und 18. Jh. sowie das **Schloss** (17. Jh.) mit einem kleinen Jagdmuseum kennen lernen.

Beim **Flusskrebsfestival** von Mitte Juni bis Mitte Juli kommen in den Restaurants von Durbuy die feinen Flusskrebse aus der Ourthe auf den Tisch.

Tipp Von Durbuy folgt die Tour der N 833 nach Hotton. Hier lockt eine der vielen Tropfsteinhöhlen der Ardennen. Als märchenhaft kann die **Grotte des Mille et Une Nuits** (»Grotte aus 1001 Nacht«) bezeichnet werden, April–Okt. 10–17, Juli/Aug. 10–18 Uhr).

Bureau de Tourisme, 25, Place aux Foires, 6940 Durbuy, Tel. 0 86/21 24 28, www.duebuyinfo.be.

Malerische Häuser in Durbuy

Seite 63

La-Roche-en-Ardenne ⑰

Der Ort duckt sich an einer Flussschleife der Ourthe malerisch unter seiner gewaltigen **Burg** (Zugang über eine Treppe gegenüber dem Rathaus).

In der Umgebung gibt es eine Reihe von Aussichtspunkten, die einen weiten Blick in das gewundene Tal der Ourthe erlauben (Le Hérou, Belvédère de six Ourthe).

15, pl. du Marché, 6980 La Roche-en-Ardenne, Tel. 0 84/41 19 00, Fax 41 29 00.

Tipp Auf der Ourthe werden **Kajakfahrten** mit Rücktransport angeboten: Info: Ardenne Aventure, 27, rue de l'Eglise, Tel. 0 84/41 13 47.

Linchet, 11, route de Houffalize, Tel. 0 84/41 13 27, Fax 41 10 98. Etwas außerhalb, ruhige Lage zwischen Fluss und Wald. ○○○
▮ **La Claire Fontaine,** 64, route de Hotton, Tel. 0 84/41 24 70, Fax 41 24 72. Schöner Garten, direkt am Flussufer. ○○

Du Midi, 6, rue Beausaint, Tel. 0 84/41 11 38. Feinste Regionalküche, vor allem Wild. ○○

Beeindruckend sind die Ruinen der Abbaye d'Orval

Bastogne ⑱

Die Wehranlage der kleinen Stadt (11 700 Einw.) unweit der Grenze zu Luxemburg ließ der Sonnenkönig Louis XIV 1688 bis auf die **Porte de Trèves** (Trierer Tor) schleifen. Im Zweiten Weltkrieg war der Ort von der Ardennenoffensive betroffen. Von diesem strategisch wichtigen Punkt aus koordinierten die Amerikaner um Weihnachten 1944 ihre Angriffe.

Östlich von Bastogne liegt bei **La Mardasson** auf einem Hügel die sternförmige Gedenkstätte für die 77 000 amerikanischen Soldaten, die in der Ardennenschlacht fielen. Die Krypta schmücken Mosaiken von Fernand Léger. Auf dem Soldatenfriedhof **Recogne** ruhen 6800 deutsche Gefallene der Ardennenschlacht.

Arlon ⑲

Die alte Hauptstadt (23 000 Einw.) der Provinz Luxemburg im äußersten Südosten Belgiens liegt auf einem Hügel über der Quelle der Semois. Kelten, Römer, Merowinger – alle hinterließen ihre Spuren. Die Sammlungen des **Musée Luxembourgeois** zeichnen ein Bild vom kulturellen Leben dieser Völker (tgl. 9–12 und 14–17 Uhr).

Zu den Sehenswürdigkeiten zählen der **römische Turm** an der Grand'Place mit einem Neptunrelief (Zugang über eine Metalltreppe) und die Ruinen der römischen **Thermen** (4. Jh.) beim alten Friedhof. Hier sind die Reste der ältesten christlichen Kirche Belgiens aus dem 5. Jh. zu sehen.

*Abbaye d'Orval ⑳

Bei Florenville im Tal der Semois bietet sich ein Abstecher nach Orval an. Der Ortsname steht für ein sehr gutes Bier und einen beliebten Käse, aber auch für eine der berühmtesten Zisterzienserabteien des Landes. Im 11. Jh. siedelten sich hier Benediktinermönche aus Kalabrien an. 1132 schickte der hl. Bernhard Zisterziensermönche aus Trois-Fontaines in der Champagne in diese Waldeinsamkeit. Im Laufe der Zeit entwickelte sich Orval zu einem der reichsten und berühmtesten Klöster des Ordens in Europa. Während

Seite 63

der Französischen Revolution wurde es ausgeraubt und in Brand gesteckt. In der Folgezeit wechselte die Anlage mehrmals den Besitzer, bis die Ruinen 1926 an französische Trappisten zurückgegeben wurden. 1946 war der Neubau des Klosters abgeschlossen. Die Besichtigung der imposanten Ruinen dauert etwa eine Stunde. Man sollte zuvor den Film über das Leben der Mönche ansehen.

Ein Rundweg führt nun zu den mittelalterlichen Ruinen der **Liebfrauenkirche,** dem Kreuzgang und dem gut erhaltenen Kapitelsaal. Von den kunstvoll gearbeiteten Kapitellen sind nur wenige Teile übrig geblieben. Im Kirchenchor befindet sich das Grab (1354) des Wenzeslaus, des ersten Herzogs von Luxemburg.

**Bouillon ㉑

Im landschaftlich reizvollen Tal der Semois liegt auf halber Wegstrecke Bouillon. Überragt wird das Städtchen von der einst mächtigen Burg des

2

Seite 63

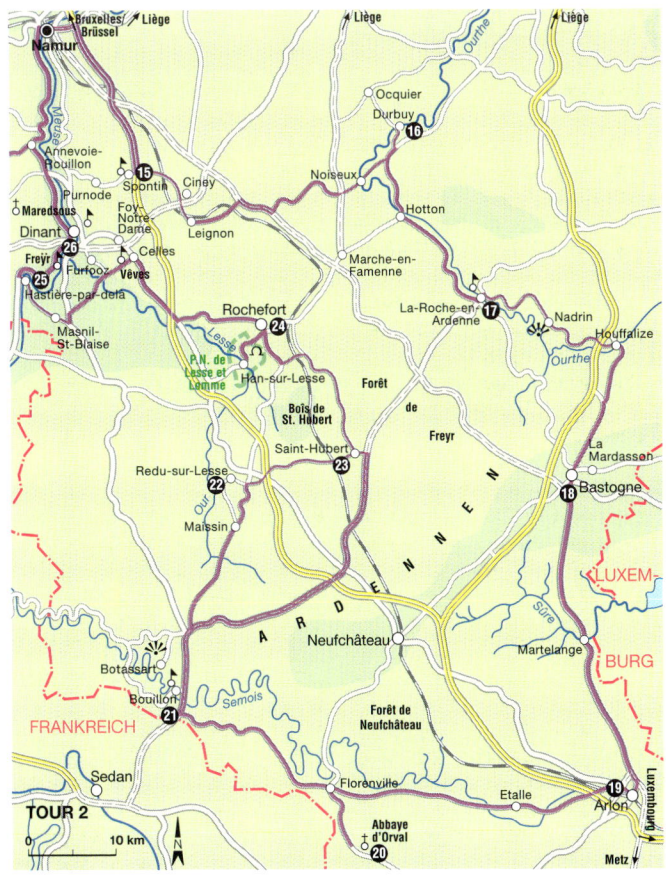

Die Wallfahrtskirche St-Hubert liegt mitten im Wald

Gottfried von Bouillon (1061–1100), der sie zur Finanzierung seiner kostspieligen Teilnahme am Ersten Kreuzzug ins Heilige Land an den Bischof von Lüttich verkaufte. Er nahm 1099 Jerusalem ein und herrschte unter dem Titel »Beschützer des Heiligen Grabes« über die Stadt – bis zu seinem plötzlichen Tod ein Jahr später.

Um den Besitz seines Anwesens in Bouillon kam es immer wieder zu Querelen: So belagerte Karl V. die Burg, Mazarin suchte hinter ihren Mauern Schutz, und schließlich wurde sie von Louis XIV von Frankreich zur Garnison umfunktioniert. Als letzter Prominenter flüchtete sich 1870 nach der unglücklichen Schlacht von Sedan Napoléon III in den Ort.

Die **Burg** gilt als eindrucksvollstes Beispiel mittelalterlicher Festungsarchitektur in Belgien. Ursprünglich war sie über drei Zugbrücken zugänglich. Der Rundgang führt zunächst in einen riesigen Raum aus dem 12. Jh. und dann in den aus dem Fels gehauenen Saal »Godefroy de Bouillon«. Auf dem im Boden eingelassenen Kreuz

legten die mittelalterlichen Kreuzfahrer ihr Gelöbnis ab. Von der Aussichtsplattform der **Tour d'Autriche,** die im 16. Jh. restauriert wurde, bietet sich ein umfassender Blick über die Anlage, die Flussschleife der Semois und das Städtchen. Ergänzend zur Burg lohnt sich der Besuch des **Musée Ducal,** das in einem Haus aus dem 18. Jh. untergebracht ist.

Hôtel de la Poste, 1, place St-Armand, Tel. 0 61/46 51 51, www.hotels-belgium.com/bouillon/ la poste.html. Wunderschönes, zentral gelegenes Haus. ○○○

Redu-sur-Lesse ㉒, das kleine Dorf der Bücher, ist Bibliophilen aus aller Welt einen Abstecher in die Ardennen wert. Deutsche Literatur findet man u. a. in den Geschäften La Forge, de Griffel und De Boekenworm. Jeweils am 1. Samstag im August findet in Redu die unterhaltsame »Nacht des Buches« statt (Tel. 0 61/65 65 16).

Saint-Hubert ㉓

Inmitten ausgedehnter Wälder liegt Saint-Hubert (5500 Einw.), das sich um die namensgebende Hubertuskirche gruppiert. Der Legende nach soll 683 Hubert, der spätere Bischof von Lüttich, am hl. Karfreitag ein Prachtexemplar von einem Hirschen gejagt haben. Bevor er auf das Tier anlegte, erstrahlte im Geweih ein leuchtendes Kreuz, und eine Stimme forderte ihn auf, von seiner Jagdleidenschaft abzulassen und sein Leben der Verbreitung des jungen Christentums zu widmen. Hubert gehorchte und wurde

In kleinen Ortschaften findet man noch solche idyllische Szenen

später heilig gesprochen. Im gleichnamigen **Museum** wird die Legende von Hubert nacherzählt (13, Place du Marché, tgl. 10–18 Uhr).

Die spätgotische Kirche gehört zu einem im 7. Jh. gegründeten **Benediktinerkloster**, in das im 9. Jh. die Gebeine des Heiligen überführt wurden. Nach einem Großbrand (16. Jh.) wurde sie über romanischen Fundamenten als fünfschiffige Kirche mit Chorumgang und Apsidialkapellen wieder aufgebaut. Die barocke Verblendung der Fassade erfolgte im 18. Jh. Das Backsteingewölbe stammt aus dem 17. Jh. In der Schatzkammer *(Trésor)* werden Stola, Bischofsstab und Jagdhorn des Heiligen sowie ein Messgewand von Karl dem Großen gezeigt.

ℹ Palais Abbatial, Place de l'Abbaye, 6870 St-Hubert, Tel. 0 61/61 30 10.

🍴 **Le Clos St-Michel,** 46, rue St-Michel, Tel. 0 61/61 25 59. In dem exquisiten Lokal mit Terrasse und Garten wird feinste Kochkunst geboten. Zu den Spezialitäten des Hauses zählen die Fischgerichte. ○○○

Tipp Alljährlich am ersten Wochenende im September wird das **Hubertusfest** gefeiert; am 3. November findet die pompöse **Sankt-Hubertus-Prozession** statt.

Rochefort ㉔

Am Rande des Nationalparks, zwischen den Flüssen Lesse und Lomme, ist Rochefort (11 000 Einw.), ein hübscher kleiner Urlaubs- und Ausflugsort, den belgischen Bierkennern durch das in der Abtei St-Remy gebraute Trappistenbier der Marke »Rochefort« vertraut. Die Tropfsteinhöhlen **Grottes de Rochefort** beeindrucken mit der gewaltigen »Salle du Sabbat«.

Weit bekannter und daher auch überlaufener ist die Höhle von ***Han-sur-Lesse**. Die gigantische Tropfsteinhöhle ist über 10 km lang; ein Drittel kann besichtigt werden. In der 12 °C kühlen und sehr feuchten Höhle suchten Menschen bereits ab der Jungsteinzeit Schutz vor Gefahren.

Oberhalb der Tropfsteinhöhle erstreckt sich der 250 ha große **Freizeit- und Wildtierpark,** in dem Nachzüchtungen von Bisons, Tarpanen (kleine Wildpferde) und Auerochsen leben.

Tipp Im **Musée du Monde Souterrain** in der bekannten Tropfsteinhöhle sind Ergebnisse der Höhlenforschung und Fundstücke aus der Merowingerzeit bis heute ausgestellt.

ℹ **Office de Tourisme,** 5, rue de Belogne, 5580 Rockefort, Tel. 0 84/21 25 37.

Parc National de Lesse et Lomme

Celles ist eine Gründung des hl. Remaclus. Die romanische Eglise St-Hadelin (11. Jh.) stellt ein typisches Beispiel des so genannten Maas-Stils dar.

Seite 63

Unterwelt

Höhepunkt der zweistündigen Besichtigungstour durch **Han-sur-Lesse** ist der 129 m hohe Kuppelsaal Salle du Dôme mit einer abschließenden kurzen Bootsfahrt auf der Lesse (Zugang zur Höhle mit der Elektrobahn im Ortszentrum, Eintrittskarten im »Accueil«).

Südlich von Furfooz liegt an einer Schleife der Lesse der Naturschutzpark

Die Kirche besitzt zwei Krypten und einen dreischiffigen Innenraum mit Grisaillemalereien (17. Jh.) sowie das älteste Chorgestühl Belgiens. Im 14. Jh. brachte man den kostbaren St.-Hadelinus-Schrein nach Visé (s. S. 60).

Das Schloss von **Vêves** ist ein ausgezeichnetes Beispiel der Festungsarchitektur des 15. Jhs.

Tipp Der Wildtierpark **Parc National de Lesse et Lomme** liegt in einer Schleife der Lesse an einer Stelle, die bis zum 10. Jh. bewohnt war. Prähistorische Funde und römische Bäder belegen die frühe Besiedelung des Ortes (tgl. geöffnet, Fahrt mit einem Panoramabus, Abfahrt stündlich, 2, rue J.-Lamotte, 5580 Han-sur-Lesse.

Hastière ㉕

Bei Mesnil-Saint-Blaise biegt man auf die N 915 ab und erreicht nach wenigen Kilometern den Ort Hastière. Die romanische Liebfrauenkirche (11./12. Jh.) von Hastière-par-delà erhebt sich direkt am Ufer der Maas.

In der Krypta stehen zwei merowingische Sarkophage. Vom Chorgestühl blieben nur Teile erhalten, da alle Schnitzarbeiten, die den geistlichen Herren anstößig erschienen, 1443 entfernt werden mussten.

Diesseits der Maas ist das **Schloss** der Ortschaft ein lohnendes Ziel. Eine ganze Menge über den Lebensstil des Hochadels lässt sich an der kompletten Inneneinrichtung der Wohnräume ablesen. Der französische Garten des Schlosses, der von den Schöpfungen des berühmten Gartenbaumeisters Le Nôtre inspiriert wurde, erstreckt sich über drei Terrassen.

**Dinant ㉖

Die Stadt (12 000 Einw.) ist ein beliebter Urlaubsort, der sich in einzigartiger Lage auf über 4 km Länge am Flussufer entlangzieht. Seit dem 12. Jh. ist Dinant berühmt für seine kunstvollen Kupfer- und Messingarbeiten, die »Dinanderien«. Eine weitere Spezialität sind die »couques«, in Holzmodeln gebackene Honigkuchen.

Der aus Dinant stammende Adolphe Sax (1814–1894) war der Erfinder des Saxophons. Bedingt durch seine sehr exponierte Lage war Dinant leider nicht erst im Zweiten Weltkrieg bevorzugtes Angriffsziel der kriegerischen Auseinandersetzungen.

Beherrschendes Bauwerk ist die **Zitadelle,** die man mit dem Auto, einer Kabinenseilbahn oder zu Fuß über 408 Stufen erreicht. Schon 1051 stand an dieser Stelle eine Festung. Der aktuelle Bau – mit einem kleinen Militärmuseum – stammt aus der Zeit der Besatzung (1818–1821) durch die Niederländer. Von oben bietet sich ein fantastischer Blick auf die Stadt.

Die **Grotte de Mont-Fat** ist eine prähistorische Höhle auf halber Höhe des Zitadellenhügels; die Römer verehrten hier die Jagdgöttin Diana.

Eingezwängt zwischen Fluss und Straße liegt unterhalb der Zitadelle die frühgotische **Collégiale Notre-Dame.** Ihr wurde im 17. Jh. der süddeutsch anmutende, fast erdrückend große Zwiebelturm aufgesetzt, der heute das Wahrzeichen von Dinant ist. Lesepult und Leuchter im Chor sind Prachtbeispiele für »Dinanderien«.

Maison de Tourisme,
36, rue Grande,
5500 Dinant, Tel. 0 82/22 90 38,
www.dinant.be.

Schiffsverbindung: Schiffsanlegestelle für Fahrten auf der Meuse gegenüber dem Hôtel de Ville (Rathaus).

 De la Couronne, 1, rue Sax,
Tel. 0 82/22 24 41, Fax 22 70 31,
www.hotellacouronne.be
Ein kleines, aber sehr gut geführtes Mittelklassehotel. Die Zimmer sind einfach und gemütlich eingerichtet.
○○

Thermidor, 3, rue de station, Tel. 0 82/22 31 35. Auf der Speisekarte steht eine große Auswahl typischer und äußerst schmackhaft zubereiteter Gerichte der wallonischen Küche. ○○○

Rocher Bayard

Etwa 1 km südlich von Dinant türmt sich der Rocher Bayard auf. Da dieser Felsblock schon den Truppen von Louis XIV im Weg stand, ließ der Sonnenkönig kurzerhand eine Bresche sprengen. Der Felsen ist nach dem legendären Ross Bayard benannt, auf dessen Rücken den vier Haimonskindern die Flucht vor Kaiser Karl dem Großen gelang – eine in Belgien weit verbreitete Sage (s. S. 80), an die in vielen Ortschaften Denkmäler oder Umzüge erinnern.

Zurück nach Namur

Die letzten Kilometer bis Namur legt man am besten am rechtsseitigen Ufer der Maas zurück, um noch einige empfehlenswerte Abstecher mitzunehmen: Da ist die **Abbaye de Maredsous** zu nennen. Die neugotische Anlage wurde erst 1872 von den Benediktinern gegründet. Landesweit ist eine Käsesorte zum Begriff geworden, die hier produziert wird und sich für die Mönche zu einer wichtigen Einnahmequelle entwickelt hat.

Das Lustschloss von **Annevoie-Rouillon** (18. Jh.) fügt sich als harmonischer Teil in den großzügig angelegten Park, der neben französischen und italienischen auch englische Stilelemente aufweist. Im Frühling und Sommer wird eine Gartenschau mit unzähligen blühenden Tulpen bzw. Rosen und Begonien veranstaltet.

Im Herzen des Landes

Diest → ** Leuven → Charleroi
→ Chimay → ** Mechelen
→ ** Lier → Diest (464 km)

Diese Rundfahrt, für die man sich mindestens vier Tage Zeit nehmen sollte, beschreibt einen weiten Bogen um die Landeshauptstadt Brüssel und führt durch die Provinzen Flämisch- und Wallonisch-Brabant, Hennegau, Ostflandern und Antwerpen. Von Diest aus fährt man durch das Hügelland im Schatten der Ardennen; im Norden geht es durch das von Jacques Brel so treffend besungene »plat pays« – Flandern – eine abwechslungsreiche Landschaft, die nicht nur bekannte und weniger bekannte Kunstschätze bereithält, sondern auch mit technischen Baudenkmälern aufwarten kann.

Diest ⑳

Das hübsche Städtchen (21 500 Einw.) verschanzt sich hinter einer teilweise erhaltenen Stadtmauer an der Flussschleife der Demer. Zentrum ist der **Grote Markt** mit dem gotischen Rathaus. Im Untergeschoss mit Gewölben zeigt das **Stedelijk Museum** Rüstungen und Kunstwerke (15./16. Jh.), Sudkessel und Gerätschaften einer alten Brauerei sowie überreich verzierte Zunftketten, in denen sich Handwerkerstolz manifestiert.

Beherrschendes Bauwerk der Stadt ist die **Sint-Sulpitiuskerk** (14.–16. Jh.), deren Turm unvollendet geblieben ist.

Hübsches Detail am Barockportal des Beginenhofs in Diest

3

Seite
73

Im Vierungsturm, der liebevoll »Mosterdpot«, Senftopf, genannt wird, befindet sich ein Glockenspiel.

Durch ein großes Barockportal betritt man den im 13. Jh. gegründeten **Beginenhof** in der gleichnamigen Straße. Den schönsten Blick auf das Bauensemble genießt man von der Leopoldvest; folgt man der Straße weiter, ergibt sich eine hübsche Aussicht auf den Stadtpark Warade und die Windmühle Lindenmolen (18. Jh.).

Scherpenheuvel ㉘

An der Straße Richtung Aarschot liegt Scherpenheuvel (das frz. *Montaigu*; 20 500 Einw.) mit seiner barocken Wallfahrtskirche (1609–1627), bekrönt von einer gewaltigen Metallkuppel. Die Abtei ist Zentrum der belgischen Marienverehrung: An Allerheiligen findet eine Kerzenprozession statt.

Aarschot ㉙

Die kleine Industriestadt (26 000 Einw.) am Ufer der Demer blieb von den beiden Weltkriegen nicht verschont, wurde aber wie viele andere Städte Belgiens im historischen Kern nach alten Plänen wieder aufgebaut.

Der Beginenhof in Aarschot

3

Seite 73

Von kunsthistorischem Interesse sind Chor und Schiff der spätgotischen **Onze-Lieve-Vrouwekerk** mit ihrem dominanten, 85 m hohen Fassadenturm. Besondere Aufmerksamkeit verdienen die Szenen des geschnitzten Chorgestühls, auf dem flämische Sprichwörter in teilweise drastischer Eindeutigkeit dargestellt sind. Der schmiedeeiserne Kronleuchter wird Quentin Metsys zugeschrieben.

Auch Aarschot besitzt einen **Beginenhof,** in dem einige renovierte Häuser aus dem 17. Jh. erhalten sind. Rechter Hand, am Ufer der Demer, stehen die Herzogsmühlen, Reste der ehemaligen Stadtbefestigung, die Kaiser Joseph II. 1782 schleifen ließ.

Bei Sint-Pieters-Rode, 8 km südlich von Aarschot, lockt das idyllische Wasserschloss **Horst.** Herrliche Stuckdecken mit Szenen aus den Metamorphosen von Ovid schmücken die Innenräume (16. bis 18. Jh.).

**Leuven ㉚

Das geschichtsträchtige Städtchen, (frz. *Louvain*; 85 000 Einw.), seit 1998 von der UNESCO als Weltkulturerbe geführt, steht den großen belgischen Kunststädten in nichts nach. Brennpunkt des Lebens ist von jeher die 1425 gegründete älteste Universität

des Landes. Im Mittelalter hatte der um 900 erstmals urkundlich erwähnte Ort durch den Tuchhandel Bedeutung erlangt. Nach einem blutigen Aufstand der Zünfte gegen die Aristokratie (1378) verließen die Weber, denen die weitere Ausübung ihres Berufs untersagt worden war, die Stadt – mit ihnen verschwand auch der einstige Wohlstand.

Die Gründung der »Katholischen Universität« milderte nicht nur den Niedergang, sie brachte der Stadt vielmehr neuen Ruhm. Erasmus von Rotterdam lehrte hier und gründete ein »Drei-Sprachen-Kolleg« für Hebräisch, Griechisch und Latein.

Stadtrundgang

Das spätgotische **Stadhuis** (1439 bis 1469) am Grote Markt gilt als der schönste Profanbau seiner Zeit. Der Baumeister Mathijs de Layens entwarf ein Schmuckstück: Bögen, Nischen und Figuren türmen sich über drei Etagen himmelwärts – ein Werk, vergleichbar den filigranen Goldschmiedearbeiten jener Zeit.

In 236 Nischen stehen Statuen von Heiligen und Königen, Gelehrten und Dichtern. Vier Fensterreihen mit hochgezogenen Spitzdächern lockern das Schieferdach auf; die Schmalseiten schließen mit eleganten Türmen und einem Spitztürmchen auf dem Dachfirst ab. Bei der Innenbesichtigung sind u. a. Werke des Bildhauers Constantin Meunier (1831–1905) zu sehen.

Bei der im Stil der Brabanter Spätgotik gehaltenen **Sint-Pieterskerk** (Peterskirche) dem Rathaus gegenüber handelt es sich um einen kreuzförmigen Basilikabau mit Chorumgang und Kapellen. Der Innenraum besticht durch klare Linienführung. Den Chorraum grenzt ein dreibogiger Lettner ab, der älteste in Belgien. Die üppige Barockkanzel zeigt Szenen aus dem

Das Stadhuis (Rathaus) von Leuven

Leben des hl. Norbert und die Verleumdung Petri.

Das im Chor der Kirche eingerichtete ***Museum voor Religieuze Kunst** zeigt prächtige Altartafeln von Dirk Bouts, das Abendmahl, das Martyrium des hl. Erasmus sowie die von Bouts ausgeführte Kopie einer Kreuzabnahme von Rogier van der Weyden (Original im Prado, Madrid). Von seltener Ausdruckskraft ist der Christuskopf aus Holz aus dem 13. Jh.; das Triptychon von Joost van der Baeren stellt das Martyrium der hl. Dorothea dar.

In der Naamsestraat stehen noch einige alte Universitätsgebäude. Die **Universitätshalle,** ursprünglich als Tuchhalle errichtet (14. Jh.), wurde 1914 zerstört und nach alten Plänen wieder aufgebaut; das **Papstkolleg** (18. Jh.) wurde von Papst Hadrian VI., einem gebürtigen Belgier, gegründet. An der Naamsesstraat prunkt die **Sint-Michielskerk** mit einer üppigen flämischen Barockfassade.

Der ***Beginenhof** an der Dijle entstand im 13. Jh.; ein Großteil der Gebäude stammt jedoch aus dem 17. Jh.

i **Dienst voor Toerisme,**
Stadhuis, Grote Markt 9, 3000 Leuven, Tel. 0 16/21 15 39, Fax 21 15 49, www.leuven.be.

Die **Museen** der Stadt sind gewöhnlich Di–Sa 10–12 und 14–17 Uhr, So 14–17 Uhr geöffnet.
Die **Brauerei Artois** kann nur nach vorheriger Vereinbarung, Tel. 0 16/24 72 99, besichtigt werden.

Binnenhof, Maria-Theresia-straat 65, Tel. 0 16/20 55 92, Fax 23 69 26,www.hotelbinnenhof.be Solides Hotel nahe Innenstadt. ◑◑
▌ **Theater Hotel,** Bondgenootenlaan 20, Tel. 01 60/22 28 19, www.theaterhotel-chello.be Zentrales Budget-Hotel. ◑◑
▌ **B&B De Werf,** Hogeschoolplein 5, Tel. 0 16/23 73 14, www.dewerf-leuven.be. Zentral; große, einfache Zimmer. ◑

De Wiering, Wieringstraat 2, Tel. 0 16/29 15 45. Uriges Restaurant-Café mit Dachterrasse, 70 Biersorten und großer Vielfalt auf der Speisekarte. ◑◑

Tipp Das Open-air-Festival **Markt-Rock** findet Mitte August auf dem Oude Markt statt.

Louvain-la-Neuve ㉛

Der Ende der 1960er Jahre erbittert geführte flämisch-wallonische Sprachenstreit führte zur Aufspaltung der Katholischen Universität Leuven. 1971 wurde 30 km südöstlich von Brüssel die französischsprachige **Université Catholique de Louvain** eröffnet. Die Studentenstadt setzt städtebauliche Akzente; als akademische Adresse hat Louvain einen exzellenten Ruf.

Seite 73

3

*Villers-la-Ville ㉜

Die **Zisterzienserabtei** des Orts wurde 1147 von Bernhard von Clairvaux gegründet und war einmal eine der reichsten Belgiens. Zerstörungen und Plünderungen während der Religionskriege und der Französischen Revolution führten ihren Untergang herbei. Durch die imposanten, mit Efeu überrankten Ruinen führt ein ausgeschilderter Rundweg.

Universitätsgebäude von Louvain-la-Neuve

3

Seite 73

Tipp Die Vereinigung Les Plus Beaux Villages de Wallonie, Naninne, 48, rue Saint-Denys, 5300 St-Bernard, Tel. 081/40 32 08, veranstaltet im Sommer **geführte Wanderungen** zu den »schönsten Dörfern der Wallonie« (sonntags).

Charleroi ㉝ und Umgebung

Das Industriezentrum (206 500 Einw.) des Hennegau *(Hainaut)* im Kohlerevier präsentiert sich trotz Verschönerungsbemühungen wenig attraktiv. Dank den Kohlevorkommen entstand im 16. Jh. hier die erste Glashütte. Das **Musée du Verre** informiert über die unterschiedlichen Methoden der Glasherstellung. Ein kleines **Archäologisches Museum** im Untergeschoss zeigt Exponate aus römischer und merowingischer Zeit.

**Barrage de l'Eau d'Heure

Der größte Stausee Belgiens (351 ha) ist ein beliebtes Wassersport- und Erholungsgebiet. Nicht weit davon liegt in einem Naturpark der **Etang de Virelles**, der größte natürliche See des Landes.

i **Office du Tourisme,** 100, av. Mascaux, 6001 Charleroi, Tel. 071/86 61 52, Fax 86 61 58.

Chimay ㉞

Im südlichsten Zipfel des Hennegaus lohnt das **Renaissanceschloss** von Chimay einen Besuch. Hinter der Kalksteinfassade verbergen sich herrliche Salons und ein Rokokotheater (1863), in dem im Juni/Juli Musikfestspiele stattfinden. In der gotischen Kollegiatkirche **Sts-Pierre-et-Paul** steht in der ersten Kapelle rechts das Epitaph des Jean Froissart (1337–1410), eines Geschichtsschreibers und Dichters.

Beaumont ㉟

Durch die Forêt de Rance geht es nordwärts nach Beaumont, einem Städtchen mit der Tour Salamandre, dem letzten Rest einer Stadtbefestigung (12. Jh.). In **Montignies-St-Christophe** steht eine alte Brücke aus der Römerzeit mit 13 Brückenbogen.

Lobbes ㊱

Ein Straßenräuber soll den Ort (5300 Einw.) gegründet haben. Von Reue gepackt, soll der später heilig gesprochene Landelinus im 7. Jh. die hiesige Benediktinerabtei gebaut haben, die während der Französischen Revolu-

3

Seite
73

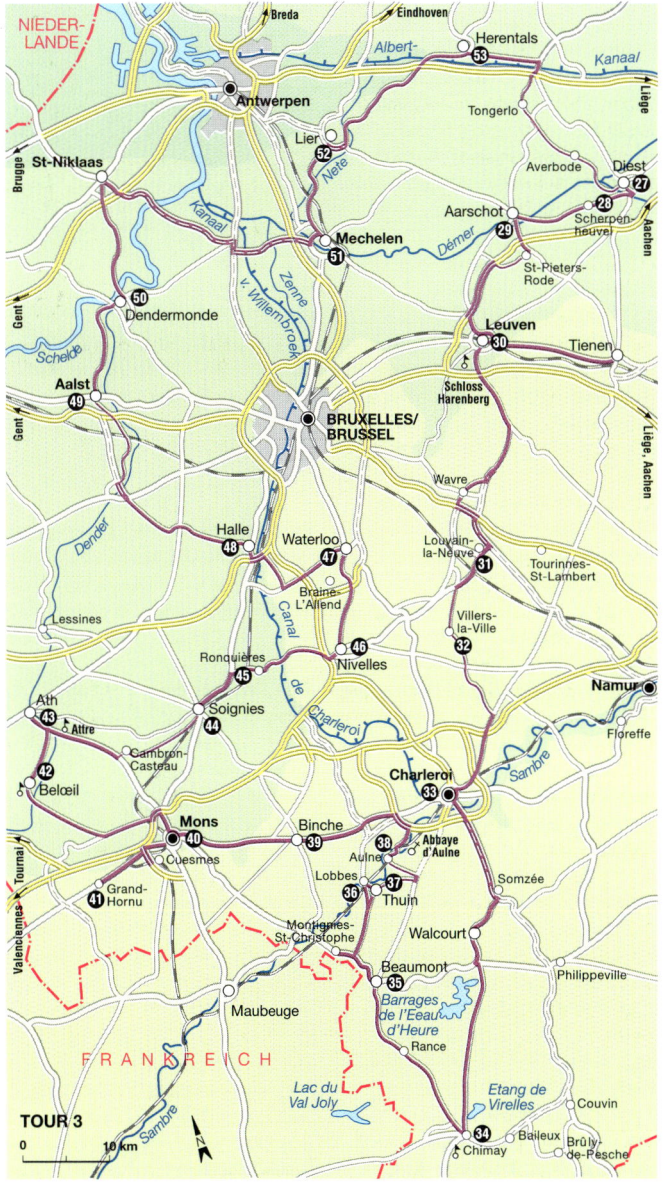

TOUR 3

0   10 km

73

tion zerstört wurde. Oben auf dem Hügel steht die ursprünglich karolingische **Collégiale St-Ursmer** (11. Jh.). Der Vierungsturm wurde erst im 19. Jh. hinzugefügt. Der schlichte, dreischiffige Kirchenraum dürfte annähernd sein mittelalterliches Aussehen behalten haben. Chor, Krypta (mit Ausnahme der im 16. Jh. erneuerten Säulen), Portikus und Westturm sind romanisch. In der Krypta stehen die Sarkophage der hl. Ursmer und Ermin (9. Jh.).

Thuin ㊲

Binche: Avenue Charles-Deliege

Der malerische Ort (14 300 Einw.) erstreckt sich am Hang auf dem gegenüberliegenden Ufer der Sambre. Die **Tour Notger** (10. Jh.) ist der weithin sichtbare Wachturm der ehemaligen Stadtbefestigung, die der Fürstbischof von Lüttich (s. S. 48) errichten ließ.

*Aulne ㊳

An einem Bogen der Sambre liegt die Ruine der **Abbay d'Aulne.** Das Kloster, das zunächst den Benediktinern von Lobbes unterstand, wurde 1147 von Mönchen aus Clairvaux übernommen, ist aber wesentlich älter und geht ebenfalls auf eine Gründung des hl. Landelinus im Jahre 656 zurück.

Wie Lobbes wurde die Abtei während der Revolution von den Franzosen 1794 zerstört. Dennoch legen der verbliebene Chor und das Querschiff der Kirche noch heute eindrucksvoll Zeugnis ab von der einstigen Größe des Klosters.

Tipp Am letzten Wochenende im Mai findet alljährlich im Rahmen der großen **St.-Rochus-Prozession** eine der berühmtesten historischen Militärparaden des Hennegau statt.

Binche ㊴

Die reizvolle Altstadt der Karnevalshochburg von Binche (33 700 Einw.) liegt im Schutz eines von den Franzosen 1554 geschleiften mittelalterlichen **Befestigungswalls** mit 27 Türmen. Am besten erhalten ist der südliche Teil zwischen dem Museum und der **Collégiale St-Ursmer.** Die frühromanische Kirche wurde 1404 erweitert und nach schweren Schäden (16. Jh.) wieder neu aufgebaut. Aus der Gründungszeit stammen nur ein Teil des Turmes und das Hauptportal. Im Innenraum verdienen der herrliche Renaissancelettner und der reiche Kirchenschatz unbedingt Beachtung.

Das **Musée International du Carnaval et du Masque** in der Nähe der Kollegiatskirche besitzt eine sehr umfangreiche Masken- und Kostümsammlung.

i **Hôtel de Ville,**
Grand' Place, 7130 Binche,
Tel. 0 64/33 67 27, Fax 33 95 37,
www.binche.be.

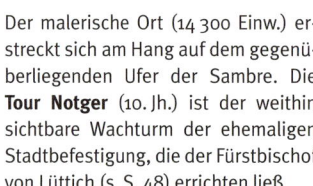

Seite 73

Karolingische Kollegiatskirche St-Ursmer in Binche

Tipp Ein höchst informativer Film über den **Karneval von Binche** läuft im Musée International du Carnaval et du Masque (tgl. außer Do 9.30–12.30 und 13.30–18 Uhr).

Remparts, Binche, rue Saint-Paul, Tel. 0 64/33 55 71. Einfaches, in der Altstadt gelegenes Hotel. ○

Mons ⑩

Die Provinzhauptstadt (fläm. *Bergen;* 96 300 Einw.) des Hennegau und Zentrum der Borinage, des »belgischen Kohlenpotts«, ist auch eine bedeutende Kunststadt. Hier wurde 1532 der Komponist Orlando di Lasso geboren, einer der bedeutendsten Musiker der Renaissance. Im Mittelalter wurde die Tuchmacherstadt abwechselnd von Spanien, Österreich und Frankreich okkupiert. Im 19. Jh. florierte der Kohlebergbau.

Zentrum ist die Grand' Place mit ihren vielen Cafés und dem gotischen **Rathaus.** Links neben dem Hauptportal fällt der Blick auf ein kleines Äffchen. Dieser »Singe de Grand-Garde« gilt heute als Glücksbringer, früher war er vielleicht Teil des Kinderprangers. Die Innenräume des Rathauses (u. a. eine der ehemals acht Tapisserien aus der Kathedrale) können besichtigt werden.

Hinter dem Rathaus liegt das **Keramikmuseum** *(Musée de Céramique)* mit über 3000 Ausstellungsstücken.

3

Seite 73

Karnevalshochburg

Binche ist weithin als Karnevalshochburg bekannt. Der wichtigste Tag ist der Karnevalsdienstag, wenn die *Gilles* die Stadt beherrschen. Bereits im Morgengrauen sammeln sich Hunderte von Männern in ihren mit Wappen und Löwen besetzten Kostümen in den Straßen der Stadt.

Noch tragen sie nicht ihre charakteristischen hohen Federhüte, sondern weiße Hauben und feine Masken, die ein rosiges Gesicht mit Schnurrbart und grüner Brille zeigen. In mitreißendem Rhythmus klappern sie auf ihren Holzschuhen durch die Straßen. Erst am Nachmittag legen sie die Masken ab, setzen den üppigen Kopfschmuck aus Straußenfedern auf und nehmen den Korb mit Orangen in die Hand. Zu den ohrenbetäubenden Klängen von Viola, Akkordeon, Drehorgel und Trommeln tanzen sie dann durch die Stadt, begleitet von allerlei bunten Masken, die die mittelalterlichen Straßen bis in die tiefe Nacht hinein in einen fröhlichen Hexenkessel verwandeln.

Der barocke **Belfried** (89 m, Aufzug, Glockenspiel), das Wahrzeichen von Mons, steht auf dem Square du Château an der Stelle des Schlosses der Grafen des Hennegau.

Die Stiftskirche ****Collégiale Ste-Waudru** auf der Anhöhe wurde von Mathieu de Layens im Stil der Brabanter Spätgotik entworfen und erbaut (1450–1691). Trotz dieser langen Zeitspanne entstand ein harmonischer Baukörper von eindrucksvoller Größe.

3

Seite **73**

ℹ️ 22, Grand Place, 7000 Mons, Tel. 0 65/33 55 80, Fax 35 63 36, www.mons.be

🍴 **Davos,** 7, rue Coupe, Tel. 0 65/35 13 35. Regionale Spezialitäten werden hier in absoluter Vollendung serviert. ○○○
▮ **Alter Ego,** 6, rue Nimy, Tel. 0 65/35 52 60. Fast ebenso fein wie die Küche im Davos, aber weitaus günstiger. ○○

Canal du Centre

Von Mons aus empfiehlt sich ein Abstecher nach La Louvière, zu den vier ***Schiffshebewerken des Canal du Centre Strepy-Thiey**. Mit hydraulischen Aufzügen (erbaut 1888 bis 1917) konnten Schiffe ein Gefälle von 66 Höhenmetern überwinden. Ein Spaziergang entlang der Kanalufer ist eine Möglichkeit, die typischen Gründerzeit-Bauten der Stadt auf sich wirken zu lassen; man kann aber auch mit einem Boot durch die Hebewerke fahren (Mai/Juni, Sept./Okt. Sa 10 und 14 Uhr; Juli/August Mo–Fr 10 und 14 Uhr).

Cuesmes

In Cuesmes bei Mons lebte 1878 bis 1880 Vincent van Gogh als Laienprediger bei einer Bergarbeiterfamilie. Hier entstanden seine frühen Bilder, die die harten Lebensbedingungen der Arbeiter widerspiegeln. Sein ärmliches Zimmer in der Rue des Pavillons kann besichtigt werden.

*Le Grand Hornu ㊹

6 km westlich von Cuesmes erreicht man die denkmalgeschützte Industrieanlage Le Grand Hornu (1814–1832). Der Unternehmer – ein Bergwerksbesitzer – ließ hier verschiedene Produktionsstätten und Verwaltungsgebäude errichten, dazu einen Herrensitz für seine Familie und eine ausgedehnte Arbeitersiedlung. Hier zeigt jetzt das **Musée d'Art Contemporain** wechselnde Ausstellungen.

**Schloss Belœil ㊷

Belœil (13 500 Einw.) ist wegen seines berühmten **Schlosses** ein Muss. In barocken Formen, doch wegen der Verwendung von Ziegel und Sandstein ungewohnt streng und ernst, war es seit dem 14. Jh. über Generationen im Besitz der Prinzen de Ligne. Die kostbar möblierten Räume sind mit den Geschenken so illustrer Gäste wie Marie-Antoinette, Johann Wolfgang von Goethe, Katharina der Großen, Rousseau und Voltaire ausgestattet. Die Bibliothek umfasst mehr als 20 000 Bände.

Der 120 ha große ***Park** mit fantasievollen Barockgärten, vermutlich eine Anlage Le Nôtres, gilt als der schönste Belgiens (Juni–Sept. 10–18 Uhr, sonst nur Sa, So).

Schloss Belœil war Treffpunkt europäischer Geistesgrößen

Ath ㊸

An der **Grand' Place** von Ath stehen das Rathaus (17. Jh.) und die Kirche St-Julien mit ihrem hohen Turm (15. Jh.). Unweit davon versteckt sich in einer der engen Gassen der viereckige Donjon (14. Jh.).

Die größte Anziehungskraft vermeldet Ath alljährlich am vierten Sonntag im August, zur Ducasse, einem Umzug mit Riesenfiguren (4 m hoch, 100 kg schwer). Dargestellt wird die Familie Goliath: Herr und Frau Gouyasse (Goliath) mit ihren Söhnen und ihrem Gefolge. Am Vortag wird ab 15 Uhr vor dem Rathaus der Kampf Davids gegen Goliath ausgetragen.

Nur 6 km südöstlich von Ath erreicht man das charmante Schlösschen **Attre.** Seine sehr dekorative Treppe soll nach Plänen des Rokokobaumeisters François Cuvilliés ausgeführt worden sein. Zu den Schätzen zählen Gemälde von Watteau und Snyders. Sehenswert ist der Park mit seinem Taubenturm, den künstlichen Felsen und Grotten.

Soignies ㊹

In Soignies (fläm. *Zinnik;* 23 400 Einw.) am Ufer der Senne entwickelte sich eine um 650 vom hl. Vinzenz gegründete Abtei. Die **Stiftskirche St-Vincent** ist ein wuchtiger Bau mit lombardischen Bögen, die von zwei massiven Türmen überragt werden. Auf dem alten Friedhof (heute Stadtpark, Zugang durch die Rue Henry-Leroy) ist in einer romanischen Kapelle ein sehenswertes **Archäologisches Museum** untergebracht.

3

Ronquières ㊺

Seite 73

Mit Hilfe der Schiefen Ebene von Ronquières gelingt es der Binnenschifffahrt, die Höhenunterschiede – in diesem Fall die 68 m im Verlauf des Kanals Brüssel–Charleroi — zu überwinden. Die Schiffe werden in riesigen, wassergefüllten Becken mit Hilfe starker Stahlseile über eine schiefe Ebene hinaufgezogen bzw. hinuntergelassen. Vom Steuerturm aus hat man eine prächtige Aussicht nicht nur auf das faszinierende technische Meisterwerk, sondern auch weit über das Land (Apr. bis Okt. tgl. 10–19 Uhr).

Schiffsverbindungen: Rundfahrten Di, Do, Fr, Sa, So 12, 14, 15.30 und 17.30 Uhr.

*Nivelles ㊻

Das flämische Nivelles (*Nijvel;* 22 000 Einw.) ist ein gepflegter alter Ort mit einer großartigen Stiftskirche. Bis zur Säkularisation war er ein intellektuelles und wirtschaftliches Zentrum des Landes. Itta, die Witwe Pippins d. Ä., gründete hier mit ihrer Tochter, der hl. Gertrud, um 650 ein Kloster. Im

Waterloo: Butte du Lion

3

Seite **73**

12. Jh. bekam die Stadt einen Befestigungsring, von dem noch die **Tour Simone** erhalten ist.

Im Mai 1940 wurde die Stadt das Opfer deutscher Bombenangriffe. Beim Wiederaufbau der Stiftskirche **Ste-Gertrude** (11. Jh.) an der Grand' Place legte man merowingische und karolingische Gebäudeteile sowie das Grab der hl. Gertrud frei. Die Kirche ist ein gutes Beispiel der ottonisch geprägten Romanik. Das gewaltige Bauwerk mit dem 102 m langen Langhaus, zwei Querschiffen und zwei Chören hat einen (restaurierten) romanischen Westvorbau mit Turm.

Besondere Beachtung verdienen die romanischen Skulpturen am Türsturz des linken Portals im westlichen Vorbau. Über dem Westchor liegt der Kaisersaal mit drei großartigen Kuppeln, unter dem Ostchor die Krypta mit Kreuzgratgewölbe und Resten der fünf Vorgängerkirchen.

Tipp Zum Grab der hl. Gertrud in Nivelles zieht alljährlich unter großer Anteilnahme der Bevölkerung am 1. Sonntag im Oktober eine 12 km lange **Pferdeprozession.** Nach einem feierlichen Gottesdienst findet die Segnung der Tiere statt.

Das **Archäologische Museum** zeigt Funde von der prähistorischen bis zur römischen Zeit, vier herrliche Statuen vom gotischen Lettner der Stiftskirche und barocke Terrakottaarbeiten von Laurent Delvaux (1696–1778); tgl. außer Di 9.30–12 und 14.30–17 Uhr.

i **Office de Tourisme,** Hôtel de Ville, Place Albert-I, 1400 Nivelles, Tel. 0 67/21 54 13, Fax 21 57 13.

Motel Nivelles-Sud, 22, chaussée de Mons, Tel. 0 67/21 87 21, Fax 22 10 88, www.vandervalk.nl Das sehr gut geführte Mittelklassehotel besitzt ein kleines Schwimmbad. Zu empfehlen ist auch die ausgezeichnete Küche des Hauses. ◯◯

Waterloo ⑰

Waterloo (25 000 Einw.) ist durch Napoleon zum Synonym für eine vernichtende Niederlage geworden. Auf dem weiten Feld zwischen Braine-l'Alleud, Mont St-Jean, La Marache und Plancenot fand am 18. Juni 1815 der letzte, entscheidende Kampf zwischen Napoleon und der Koalition der europäischen Mächte statt, militärisch geführt von Wellington und Blücher. Die Schlacht war ungemein blutig: 50 000 Tote und Verletzte an einem Nachmittag. Sie entschied das weitere Schicksal Europas, das im Wiener Kongress von den Siegermächten aufgeteilt wurde.

Die **Butte du Lion,** den 45 m hohen Hügel mit dem starr nach Frankreich blickenden gusseisernen Löwen, legten die Niederländer 1826 an. 260 Stufen führen auf die Spitze des Hügels. Das Rundgemälde im benachbarten **Panorama de la Bataille** zeigt die blutige Schlacht. Einzelheiten darüber im Wellington-Museum.

Marienkrönung über dem Portal der Basilika in Halle

Halle ❽

Seit dem Mittelalter ist Halle (frz. *Hal;* 33 000 Einw.) ein Marienwallfahrtsort mit großen Prozessionen (Pfingsten und jeweils am ersten September- und Oktobersonntag). Ziel der Pilger ist die wundertätige Schwarze Madonna (13. Jh.) über dem Hochaltar der **Onze-Lieve-Vrouwebasiliek,** die auch als *Sint-Martinuskerk* bezeichnet wird. Die Kirche gilt als ein Juwel der Brabanter Spätgotik. Der mächtige Glockenturm besitzt ein Spiel mit 54 Glocken. Bemerkenswerte Skulpturen sind an den Portalen zu sehen, vor allem die Jungfrau mit Kind und die Marienkrönung.

Die wichtigsten Kunstwerke im Kircheninneren sind der reich mit Figuren geschmückte Deckel des Taufbeckens von 1466 und die ausdrucksstarken Apostelfiguren im Chor, die von den Arbeiten von Claus Sluter, dem burgundischen Hofbildhauer, beeinflusst sind. Die Krypta beherbergt den kostbaren Kirchenschatz.

Die 32 Kanonenkugeln neben dem Eingang erinnern daran, dass die Schwarze Madonna 1580 mit Waffengewalt gegen die Kalvinisten verteidigt weden musste. Das **Rathaus** am Grote Mark besitzt eine Renaissancefassade.

Aalst ❹

Das Städtchen (frz. *Alost;* 79 0 04 00 Einw.) am Ufer der Dender liegt bereits in der weiten, offenen Landschaft Ostflanderns. Auf dem Grote Markt (jeden Morgen Blumenmarkt) steht das **Schepenhuis** (Schöffenhaus; 15. Jh.), ein elegantes Gebäude mit Teilen aus dem 13. Jh. und einem mächtigen Belfried (Glockenspiel mit 52 Glocken) sowie die **Börse** von Amsterdam (Beurs van Amsterdam (17./18. Jh.); heute Hotel/Restaurant). Die hochgotische **Sint-Martinuskerk** wurde nie vollendet. Zu den Schätzen ihrer Innenausstattung zählen ein großes Rubensgemälde und ein Tabernakel von J. Duquesnoy d. Ä. aus schwarzem und weißem Marmor. Das **Oud-Hospitaal** unweit der Kirche bildet ein hübsches Backsteinensemble mit dem Städtischen Museum, das im ehemaligen Kreuzgang und in einer Kapelle Exponate zur Lokalgeschichte zeigt.

 Dienst voor Toerisme, Belfried, Grote Markt, 9300 Aalst, Tel. 0 53/73 21 21, Fax 73 21 28, www.aalst.be.

 Royal Astrid, Keizersplein 27, Tel. 0 53/77 52 24, Fax 78 97 76. Kleines Hotel mit Terrassenrestaurant. ○○
▮ **De lange Muur,** Stationsplein, Tel. 0 53/77 37 46, Fax 78 53 90, www.aalst.be/hotels.html Einfaches Haus in Bahnhofsnähe. ○

Dendermonde ❺

Am Zusammenfluss von Dender und Schelde, inmitten des Scheldelandes, liegt Dendermonde (frz. *Termonde;* 42 500 Einw.). Seine Lage kam den Bewohnern während der französischen

3

Seite **73**

Seite
73

Grote Markt in Dendermonde

romanischen Taufbecken hängen Gemälde Anthonis van Dycks, dem bekanntesten Rubens-Schüler. Ein Blick in den **Beginenhof** (17. Jh.) an der Brusselsestraat lohnt sich.

> **i** **Dienst Tourisme,** Grote Markt, 9200 Dendermonde, Tel. 0 52/21 39 56, Fax 22 19 40.

St-Niklaas

Das wirtschaftliche Zentrum des fruchtbaren Waaslandes (frz. *St-Nicolas;* 68 300 Einw.), besitzt den flächenmäßig größten **Marktplatz** (3,19 ha) Belgiens, an dessen Ostseite schöne Renaissancehäuser (Nr. 43, Nr. 45 und Nr. 46) die Blicke auf sich ziehen. Im Museum ist dem Geographen Mercator, der im Auftrag Karls V. ab 1541 Globen fertigte, ein Saal gewidmet.

Belagerung im 17. Jh. zugute: Sie inszenierten eine künstliche Überschwemmung. Louis XIV soll da gesagt haben: »Verdammte Stadt, warum habe ich bloß kein Heer von Enten, um dich zu erobern!«

Im Ersten Weltkrieg wurde Dendermonde schwer zerstört. Am **Markt** stehen nur noch wenige historische Gebäude: das Rathaus, die ehemalige Tuchhalle und das Fleischhaus (heute Stadtmuseum). In der gotischen Onze-Lieve-Vrouwekerk mit einem

Mechelen ㉛

Die beschauliche Stadt (frz. *Malines;* 80 000 Einw.) an der Dyle, seit Mitte des 16. Jhs. Sitz des belgischen Erzbistums, hat eine bewegte Vergangen-

---

Bayard, das Wunderross

Dendermonde nennt sich die »Stadt des Rosses Bayard«. So hieß das sagenhaft starke Pferd der so genannten Haimonskinder, Söhne eines Rivalen von Karl dem Großen. Reinold, der älteste der vier Brüder und Besitzer des Wunderrosses, erschlug im Streit einen Neffen des Kaisers. Die Brüder flohen auf dem Pferd, wurden aber von Karl verfolgt. Die Fehde konnte nur beigelegt werden, weil Reinold

– blutenden Herzens – sein treues Pferd auslieferte oder, wie es vor allem die in Dendermonde erzählte Fassung will, in der Schelde ertränkte.

Reinold soll später am Bau des Kölner Doms mitgewirkt haben und von Arbeitskameraden aus Neid erschlagen und in den Rhein geworfen worden sein. In Dortmund wird er als Stadtpatron verehrt.

heit. Ihre Blüte erlebte sie unter der Statthalterin Karls V., Margarethe von Österreich. An ihrem Hof verkehrten Erasmus von Rotterdam, Thomas Morus und Albrecht Dürer. 1572 brannten die Spanier die Stadt nieder.

Mittelpunkt ist der **Grote Markt** mit der Statue der Margarethe von Österreich vor der markanten Fassade des **Rathauses.** Das gotische Palais, dessen fein gegliederte Fassade erst im 19. Jh. nach alten Plänen fertig gestellt wurde, und die massive einstige Tuchhalle vervollständigen das Ensemble. Der 97 m hohe Turm der gotischen ****St-Romboutskathedraal** wurde um 1400 als höchstes Wahrzeichen der Christenheit geplant (167 m), doch kamen die Bauarbeiten vorzeitig zum Erliegen. Im weitgehend barocken Innenraum mit sieben Chorkapellen verdient eine Darstellung der Kreuzigung von van Dyck im rechten Querschiff besondere Beachtung.

Die Besichtigung der **St-Janskerk** mit der barocken Ausstattung lohnt allein wegen des Hochaltartriptychons »Anbetung der Könige« von Rubens. Das **Brüsseler Tor** (14. Jh.), das als Vorbild für das Holstentor in Lübeck diente, ist der verbliebene Rest der Stadtbefestigung. Mechelen ist Zentrum der Glockenspielkunst, hier existiert die einzige Glockenspielerschule des

---

Glockenspielkonzerte

Von Juni bis Sept. erklingen zur vollen Stunde die Glocken der St-Rombouthskathedraal und anderer Kirchen sowie der »Beiaards« im Hof van Buyleyden.

Konzerte im Sommer jeweils Mo und Sa 11.30–12.15, So 15–15.45 sowie Mo 20.30–22 Uhr.

Landes. Im **Hof van Busleyden** steht eines der vier »Beiaards« der Stadt, ein Spiel mit 49 Glocken, auf dem regelmäßig Konzerte gegeben werden.

i Stadhuis, Grote Markt, 2800 Mechelen, Tel. 0 15/29 76 55, Fax 29 76 53, www.mechelen.be.

Alfa Alba, Korenmarkt 24, Tel. 0 15/42 03 03, Fax 42 37 88, www. gtmechelen.goldentulip.be Glänzend geführt; liegt ruhig etwas außerhalb des Zentrums. ○○
▪ **Refugie Lindenhof,** Marterstraat 1, Tel. u. Fax 0 15/27 14 77. Mitten in der Altstadt liegt dieses Renaissancehaus mit einem parkähnlichen Garten. ○
▪ **Egmont,** Oude Brusselsestraat 50, Tel. 0 15/42 13 99, Fax 41 34 98, www.hotel-egmont.be. Im Außenbezirk. Angenehm familiär. ○

D'Hoog, Grote Markt 19, Tel. 0 15/21 75 53. Beste Adresse, unbedingt reservieren. ○○○
▪ **Convent,** Nonnenstraat 40, Tel. 0 15/20 01 86. Stimmungsvoll in einem alten Bürgerhaus. ○○

Tipp Bei der traditionellen **Hanswijk-Prozession** am Sonntag vor Himmelfahrt, bei der eine wundertätige Marienstatue durch Mechelen getragen wird, vermischen sich religiöse und tagesaktuelle Aspekte.

**Lier ⑫

Als »die hübscheste Stadt Belgiens« beschreibt Felix Timmermans (1866 bis 1947) seinen Geburtsort Lier (frz. *Lierre;* 31 000 Einw.) am Lauf der Nete. Seit 1212 besitzt Lier die Stadtrechte. Am Grote Markt mit seinen Zunfthäusern wird die elegante Rokokofassade

Seite 73

3

des Rathauses vom gotischen Belfried, dem Rest der ehemaligen Tuchhalle, überragt. Die spätgotische
St-Gommaruskerk fällt durch ihren
mächtigen viereckigen Turm – ebenfalls mit Glockenspiel – auf. Zu den
sehenswerten Teilen der Innenausstattung gehören die Apostelfiguren
an den Rundpfeilern, im Chor der drei-
bogige Lettner im Flamboyantstil und
die Fenster, deren Bildzyklus die Ver-
ehrung des hl. Gommarus durch die
Herrscherfamilie darstellt. Das Triptychon in der ersten Kapelle des Chor-
umgangs wird Rubens zugeschrieben.

Gegenüber steht das älteste Bauwerk der Stadt, die frühromanische
St-Pieters-Kapelle. Am anderen Flussufer fällt der Blick auf den **Zimmer-
turm** (Zimmertoren). In diesem Turm,
einst Teil der mittelalterlichen Stadtbefestigung mit der astronomischen
Uhr an der Außenfront, wurde ein Museum mit Werkstücken des Uhrma-
chers Ludwig Zimmer (1888–1970)
eingerichtet. Der älteste ***Begijnhof**
Flanderns liegt in der Nähe vom Zimmerplein hinter einem Barockportal.

Herentals ㊳

Das Provinzstädtchen (24 200 Einw.)
beeindruckt mit zwei Stadttoren
(14. Jh.) und der gotischen **St-Walde-
trudiskerk** mit viereckigem Turm und
romanischem Taufbecken. Der Begijnhof wurde während der Religionskriege zerstört; seine wieder errichteten
Häuschen stehen im Schatten einer
kleinen gotischen Kirche. Auf dem
Rückweg nach Diest bieten sich noch
Besuche in den Prämonstratenserab-
teien von **Tongerlo** und **Averbode** an.

*Unter der Statthalterin Margarethe
von Österreich erlebte Mechelen
seine Blütezeit*

Tour 4

Spuren von Handel und Kriegen

****Tournai → *Kortrijk → *Ieper
→ *Veurne → *Oudenaarde
(334 km)**

Die großen Städte wie Gent und
Brügge meidend, bietet diese Rundfahrt dennoch mehr als genug
Gelegenheit, bedeutende Kunstschätze des Landes zu genießen:
Tournai und Oudenaarde sind an
erster Stelle zu nennen. Aus den
hügeligen Flämischen Ardennen fährt
man in das platte, fruchtbare Land
Westflanderns mit den üppig grünen
Wiesen, die sich bis zum Dünengürtel der Nordseeküste hinziehen.
Nach der Betriebsamkeit des langen
Strandes wartet das Hinterland dann
wieder mit idyllischen Kleinstädten
und Dörfern, Einzelgehöften und
manchmal einer Windmühle auf –
eine Tour, die mit der reichen Geschichte des Landes bekannt macht.

4

Seite
85

****Tournai** ㊞

Neben Tongeren (s. S. 59) ist Tournai
(fläm. Doornik; 67 000 Einw.) die älteste Stadt Belgiens. Der ruhige, bür-
gerliche Ort über der Schelde, Mittelpunkt eines von der Landwirtschaft
geprägten Gebietes, genießt auch den
Ruf einer bedeutenden Kunststadt.

Geschichte
Keimzelle war die römische Straßen-
station Turnacum an der Heer- und
Handelsstraße zwischen Köln und
dem Ärmelkanal. Schon zu jener Zeit

Die fünftürmige Kathedrale Notre-Dame von Tournai

lieferten die Weber von Tournai Stoffe für die Cäsaren. Im 3. Jh. christianisiert, wurde Tournai unter den Merowingern die erste Hauptstadt ihres Frankenreiches; Chlodwig, der 465 in Tournai geboren wurde, erhob sie zum Bischofssitz. Der aufblühende Tuchhandel und der Export des feinen graublauen Sandsteins lösten im 12. und 13. Jh. eine rege Bautätigkeit der vermögenden Bürger aus. Damals wurde auch der Grundstein der mächtigen Kathedrale gelegt, deren fünf Türme die Silhouette prägen. Mehrmals wechselte Tournai zwischen Frankreich und Flandern und wurde immer wieder in Kriegshändel verstrickt, doch die schon im 16. Jh. berühmten Tapisserien verhalfen ihr zusammen mit der Kupfer- und Messingschmiedekunst und später der Porzellanherstellung zu Blütezeiten. Ein Luftangriff im Mai 1940 bedeutete beinahe den Untergang der Stadt. Der sorgfältige Wiederaufbau machte Tournai erneut zu einer der bedeutendsten Kunststädte des Landes.

Stadterkundung

Mittelpunkt der Stadt ist die dreieckige **★★Grand' Place** mit prächtigen Bürgerhäusern aus Gotik und Renaissance. Das Denkmal auf dem Platz erinnert an Christine de Lalaing, die während der Religionskriege die Verteidigung der kalvinistischen Stadt gegen den 1581 anrückenden Alexander Farnese mit seinen 55 000 Soldaten leitete. Im Keller der ehemaligen **Halle aux Draps** (*Tuchhalle;* 1610) wurde beim Wiederaufbau eine romanische Krypta freigelegt.

Der 72 m hohe, frei stehende **Belfried** an der Schmalseite der **Eglise St-Quentin** (13. Jh.) gilt als der älteste seiner Art in Nordeuropa und besitzt ein Glockenspiel mit 43 Glocken.

Zur Zeit des Übergangs von der Romanik zur Gotik entstand die majestätische **★★Cathédrale Notre-Dame** aus dem feinkörnigen blaugrauen Tournaiser Kalkstein. Nachdem die Romanik mit dem Kirchenschiff, den beiden Osttürmen und dem Vierungsturm einen bedeutenden Beitrag leistete, ist der Hochchor mit seinen ungewöhnlichen Ausmaßen (58 m Länge und 47 m Höhe) das Meisterwerk der Gotik in Belgien. Zu den kunsthistorischen Kostbarkeiten zählen die romanischen Skulpturen am Nordportal, der sog. *Porte Mantile.*

Der spätromanischen Westfassade mit vorgesetztem Portikus (16. Jh.) wurde erst im 19. Jh. eine viel zu große Fensterrose eingefügt. Überwältigend sind die Ausmaße des Innenraums: 134 m lang, 66 m breit, 33 m hoch; der gotische Chor ist fast ebenso lang wie das Langschiff. Ein reich dekorierter Renaissancelettner von Floris de Vriendt trennt die beiden Bauteile. Der Bildschmuck der Kapitelle und Säulenbasen, gotische Grabsteine, Fresken und wertvolle Glasfenster im Querschiff sowie Gemälde von Rubens und Jordaens ergänzen die Ausstattung.

Der reiche Kirchenschatz (*Trésor*) birgt als kostbarste Stücke eine Elfenbeinmadonna (13. Jh.), ein byzantinisches Reliquienkreuz (6. Jh.), den silbern vergoldeten Marienschrein von

Seite 85

4

Nicolas de Verdun (1205) und den Schrein des hl. Eleutherius (1247).

Im **Musée des Beaux-Arts,** einem der reichsten Kunstmuseen des Landes, das in einem sternförmigen Jugendstilbau von Victor Horta untergebracht ist, sind Gemälde von Rogier van der Weyden, Gossaert, der Familie Brueghel, Jordaens, James Ensor und van Gogh sowie Skizzen von Rubens und Manet zu sehen.

Die Kunst des Teppichwebens veranschaulicht das **Musée de la Tapisserie,**. Von der Brücke des Boulevard Delwart bietet sich ein weiter Blick auf den **Pont des Trous** und die Kathedrale. Am anderen Ufer der Schelde steht an der Rue du Rempart ein massiver Rundturm, die **Tour Henri VIII** (16. Jh.; kleines Militärmuseum), die Hein-

rich VIII. von England im Rahmen der umfangreichen Ausbauarbeiten des Befestigungsrings anlegen ließ.

Nahe der romanischen **Eglise St-Brice** mit dem Grab von Childerich fallen in der Rue Barre St-Brice zwei Häuser auf, die als älteste europäische Bürgerhäuser gelten (Nr. 10 und Nr. 12). Sie stammen aus dem 12. Jh.

Centre de Tourisme,
4, Vieux Marché-aux-Poteries, 7500 Tournai, Tel. 0 69/22 20 45, Fax 21 62 21, www.tournai.be.

Tulip Inn Cathédrale, Place St-Pierre 2, Tel. 0 69/21 50 77, Fax 21 50 78, www.goldentulip.com. Gut ausgestattetes Haus nahe der Kathedrale. ❍❍❍

4

Seite 85

■ **L'Europe,** 36, Grand' Place,
Tel. 0 69/ 22 40 67, Fax 23 52 38,
www.tournai.be/com/290.htm.
Einfaches Haus im Zentrum. ○

🍴 **Le Pressoir,** 2, Vieux Marché-
aux-Poteries, Tel. 0 69/22 35 13.
Gehobenes Restaurant in einem
schönen alten Bürgerhaus. ○○○
■ **Le Pardieu,** 10, rue Sainte-Croix,
Tel. 0 69/23 27 27. Gemütliche Kneipe
mit großer Auswahl an Bieren. ○

*Kortrijk ⑮

Die lebhafte Dienstleistungs- und Industriestadt an der Leie (frz. *Courtrai;*
78 000 Einw.) geht auf eine römische
Gründung zurück. Im Mittelalter kam
die Tuchmacherstadt (Damastwebe-
reien) zu Wohlstand.

Auf dem **Grote Markt** im Stadtzentrum stehen sich der Belfried, ein goti-
scher Backsteinbau (1300), und das
gotische Rathaus mit zwei elegant gearbeiteten Kaminen aus der Renaissance gegenüber. Ein Blickfang abseits des Grote Markt ist die gotische
Sint-Maartenskerk mit mächtigem
Westturm. Unweit davon, an der Begi-
jnhofstraat, liegt der romantische, im
13. Jh. gegründete **Begijnhof,** etwas
weiter die **Onze-Lieve-Vrouwekerk,**
hinter deren Fassade sich exquisite
Kunstwerke verbergen: rechts vom
Chor die Kapelle der Grafen von Flandern mit der fein gearbeiteten Alaba-
sterstatue der hl. Katharina, im linken
Querschiff ein Gemälde (»Kreuzaufrichtung«, 1631) von van Dyck. Die beiden **Broeltoren** an der Leie sind Reste
der burgundischen Befestigung.

ℹ️ **Dienst Toerisme,** Schouwburg-
plein 14 a, 8500 Kortrijk,
Tel. 0 56/23 93 71, Fax 23 90 03,
www.kortrijk.be.

Begijnhof St. Elisabeth in Kortrijk

🏠 **Broel,** Broelkaai 8,
Tel. 0 56/21 83 51, Fax 20 03 02,
www.hotelbroel.be. Altes Haus im
Zentrum. ○○○
■ **Groeninge,** Groeningestraat 1a,
Tel. 0 56/22 60 00, Fax 20 01 88,
www.hotelgroeninge.be. Gut geführ-
tes Mittelklassehotel in historischem
Gebäude im Zentrum. ○○

🍴 **Filip Bogaert,** Minister Tack-
laan 5, Tel. 0 56/20 30 34. Eines
der besten Restaurants in Westflandern mit französischer Küche. ○○○

Durch das flache grüne Land geht es
weiter Richtung Ieper. Immer wieder
stehen am Straßenrand Hinweisschil-
der auf Soldatenfriedhöfe der unterschiedlichen Nationen: Im Ersten
Weltkrieg war diese Gegend Austra-
gungsort blutiger Schlachten.

*Ieper ⑯

Am meisten unter dem grausamen
Stellungskrieg gelitten hat Ieper (frz.
Ypres; 34 700 Einw.). Im 13. Jh. eine
der mächtigsten Städte Belgiens,

4

Seite 85

wurde sie zwischen 1914 und 1918 fast völlig zerstört und nach Originalplänen wieder aufgebaut. Am Grote Markt beeindruckt die 132 m lange frühgotische Sandsteinfassade der **Tuchhalle,** die vom mächtigen **Belfried** (70 m) überragt wird. Rechts neben der Tuchhalle bleibt der Blick am Anbau mit der eleganten Renaissancefassade, dem **Nieuwerk** (17. Jh.), hängen, jetzt das Rathaus. Hier ist das »Erinnerungsmuseum« mit einer Dokumentation der Schlachten des Ersten Weltkriegs untergebracht. Die frühgotische **St.-Maartenskathedraal** birgt das Grab von Cornelius Jansen (1585–1638), Bischof von Ieper und Gründer des Jansenismus, einer religiös-sittlichen Reformbewegung in Frankreich und den Niederlanden.

Tipp Seit 926 feiert man in Ieper alle drei Jahre das **Katzenfest.** Dabei wurden früher lebendige Katzen als Symbole des Teufels vom Belfried geworfen. Heute erfüllen Plüschtiere diesen Zweck. Nächster Termin: zweiter Sonntag im Mai 2005.

*Veurne 57

Veurne (frz. *Furnes;* 11 500 Einw.) kurz vor der Nordseeküste ist eine der hübschesten Kleinstädte Flanderns.

Der Grote Markt mit seinen zweistöckigen Giebelhäusern im Stil der flämischen Renaissance wirkt verspielt und gemütlich. Doppelgiebelfront, Treppenturm und Loggia sind die auffälligen Kennzeichen des **Stad-**

4

Seite **85**

»Schild en Vriend«

Während man auf dem Weg zur Küste nicht umhin kann, die ausgedehnten Gräberfelder des Ersten Weltkriegs zu bemerken, erinnern sich die Flamen in Kortrijk an ein anderes, viel weiter zurückliegendes Gefecht, das am 11. Juli 1302 stattfand, die »Schlacht der Goldenen Sporen«.

Damals war ein französisches Ritterheer unter der Führung von Robert von Artois gegen Flandern gezogen, um das blühende Land dem französischen Königreich einzuverleiben. Doch die selbstbewussten Bürger wehrten sich erbittert. Aus Ieper, Gent und Brügge sammelten sich die empörten Handwerker und zogen dem Reiterheer entgegen. Auf dem Groeningeveld, etwas außerhalb der Stadt Kortrijk, kam es schließlich zum

Kampf. Die Flamen – in erster Linie Weber und Metzger –, die nur mit ihren Spießen und Steinschleudern ausgerüstet waren, hatten das Schlachtfeld klug gewählt, denn in dem holprigen, gräbendurchzogenen Gelände kamen die Pferde ständig ins Stolpern, stürzten und warfen die unbeweglichen, in schweren Rüstungen steckenden Franzosen ab. Trotz der großen Übermacht des Feindes trugen die Flamen den Sieg davon. Zum ersten Mal in der Geschichte war ein Ritterheer von Fußtruppen überwältigt worden. Und diese kosteten ihren Triumph weidlich aus: Wer in den Tagen danach in Verdacht stand, ein Franzose zu sein, wurde aufgefordert, die Flämische Losung zu sagen: »Schild en Vriend« – ein harter Gutturallaut, der nur Einheimischen gelingt.

huis. Im Inneren hängen kostbare Ledertapeten aus Cordoba und Mechelen. An der Ecke Grote Markt/ Ooststraat ragt der etwas düstere **Spanische Pavillon** auf, ein mächtiger, festungsartiger Bau, der im 17. Jh. den Besatzern als Stabsquartier diente. Die **Alte Fleischhalle** wird heute als Stadtbibliothek genutzt. Das Haus der Stadtwache lockert den Platz mit seinen hübschen Arkaden auf. Das Ensemble wird beherrscht vom Backsteinturm (13. Jh.) der **St.-Niklaaskerk** am Appelmarkt. Die **St.-Walburgakerk** hinter dem Rathaus blieb trotz jahrhundertelanger Bauzeit unvollendet. Nur der Chor mit Umgang und Kapellenkranz kann benutzt werden, der Portalbau steht als Symbol des Scheiterns nutzlos einige Meter seitab. Hier beginnt am letzten Sonntag im Juli die eindrucksvolle Büßerprozession.

Am Grote Markt in Veurne

i **Dienst voor Toerisme,**
Grote Markt 29, 8630 Veurne,
Tel. 0 58/31 21 54, Fax 31 55 93.

Entlang der Nordseeküste

An der Nordseeküste reihen sich über eine Länge von 67 km die Badeorte aneinander. Ein breiter Sandstrand, angenehme Temperaturen, unzählige Hotels, Pensionen, Campingplätze, Restaurants und Strandcafés, ein großes Freizeit- und Unterhaltungsangebot sowie ein Netz von Wanderwegen im breiten Dünengürtel machen aus diesem Streifen Land ein erholsames Feriengebiet. Eine Straßenbahn fährt die gesamte Strecke von Oostende bis De Panne ab. Überlaufene Städtchen mit Hotelburgen und einem riesigen Freizeitangebot wie **Blankenberge** und **Middelkerke** wechseln sich ab mit ruhigen Ferienorten mit hübschen Villen wie **Brede-**

ne, **De Haan** und **Wenduine.** Die Attraktion von **De Panne** (9500 Einw.) nahe der französischen Grenze sind die Strandsegler.

Oostende ㊳

Oostende (wallon. *Ostende;* 71 500 Einw.) besitzt einen Fischerei-, Passagier- und Handelshafen. Viele Fähren nach Großbritannien legen hier ab. Zu den touristischen Attraktionen zählt der Visserskaai (Fisch- und Krabbenauktion) mit vielen Restaurants und Fischständen, dem **Nordsee-Aquarium** *(Noordzeeaquarium)* und dem **Dreimaster Mercator** (Schifffahrtsmuseum). James Sydney Ensor (1860– 1949), einer der Wegbereiter des Expressionismus und Surrealismus, stammt aus Oostende und bewohnte das nach ihm benannte **Ensor-Haus.**

i **Toerisme Oostende,** Monacoplein 2, 8400 Oostende,
Tel. 0 59/70 11 99, Fax 70 34 77.

Seite 85

4

 »2003 Beaufort – Kunst am Meer« ist der Titel der **Triennale für zeitgenössische Kunst,** die von April bis September entlang der Küste stattfindet. Drehscheibe dieses Projekts ist das Museum für moderne Kunst (PMMK) in Oostende, Tel. 0 70/22 50 04, www.2003beaufort.be

Pacific, Hofstaat 1, Tel. 0 59/70 15 07, Fax 80 35 66, www.pacifichotel.com. Ein komfortables Hotel für alle, die ein ruhiges Haus in Zentrumsnähe suchen. ◑◯

▍ **Europe,** Kapucijnenstraat 52, Tel. 0 59/70 10 12, Fax 80 99 79, www.hotels-belgium.com/. Ruhige Lage, obwohl mitten in der Stadt. Promenade, Strand und Meer liegen in unmittelbarer Nähe. ◑◯

Den Artiest, Kapucijenstraat 13, Tel. 0 59/80 30 34. Eines der besten Restaurants in Westflandern mit französischer Küche. ◑◯

Knokke-Heist ㉟

Das mondäne Seebad (30 000 Einw.) mit dem von Magritte ausgemalten **Kasino** und einem Golfplatz besitzt mit ***Het Zwin** (125 ha) ein einzigartiges Vogelschutzgebiet. Von Mitte Juni bis Ende Juli findet alljährlich das internationale **Cartoonfestival** statt.

Toerisme Knokke-Heist, Zeedijk-Knokke 660, 8300 Knokke-Heist, Tel. 0 50/63 03 80, Fax 63 03 90, www.knokke-heist.be.

Belfry Knokke, Kustlaan 84, Tel. 0 50/61 01 28 Fax 61 15 33, www.s-h-systems.co.uk/belgium/ knokke-heist.html. Komfortables Haus im Zentrum des Ortes und doch nicht weit vom Meer entfernt. ◑◑◯

Die Windmühle von Damme

Seite 85

▍ **Memlinc,** Albertplein 23, Tel. 0 50/60 11 34, Fax 61 57 43, www.proximedia.com/web/ hotel-memlinc.html. Exzellenter Kinderservice und Gesundheitszentrum. Unmittelbar am Meer gelegen. ◑◯

Damme ㉠

Die Stadt einige Kilometer hinter der Küste nahm einst eine Schlüsselstellung als Außenhafen für Brügge ein. Das gotische **Rathaus** am Bilderbuchmarktplatz und die gewaltige, zur Hälfte abgerissene **Onze-Lieve-Vrouwekerk** (13. Jh.) legen davon Zeugnis ab. Sehenswert ist das **Tijl Uilenspiegelmuseum.** Till Eulenspiegel, Volksheld im Kampf gegen die spanische Besatzungsmacht, ist Nationalheld.

 Charles de Costers Schelmenroman **Tijl Uilenspiegel und Lamme Goedzak** ist in einer neuen deutschen Übersetzung in der Edition Kur-Cöln, Arnsberg, erschienen.

Sint-Martens-Latem ㉛

Der elegante Villenvorort (7600 Einw.) Gents liegt an der Leie (Bootsfahrten). In der zauberhaften Flusslandschaft mit einer dekorativen alten Windmühle (15. Jh.) ließen sich um den Bildhauer Georg Minne (1866–1941) und den Maler Constant Permeke (1886–1952) eine Reihe von Künstlern aus dem Kreis der flämischen Expressionisten nieder und gründeten eine Künstlerkolonie. Einige ihrer Werke kann man im Museum van Deinze en Leiestreek in **Deinze** besichtigen.

*Oudenaarde ㉜

Das Städtchen Oudenaarde (frz. *Audenarde*; 27 000 Einw.), 334 km, liegt an der Schelde. Vom 15. bis 17. Jh. waren seine »Verduren«, Tapisserien mit Landschaftsszenen in grünblauen Tönen, in ganz Europa begehrt. Einige Prachtexemplare hängen im Rathaus. Noch heute spielt die Textilindustrie eine wichtige Rolle.

In die Geschichtsbücher ging die Stadt aber auch durch die Affäre Karls V. mit der Bürgertochter Jeanne van den Geenst im Jahr 1521 ein. Aus ihrer Verbindung stammte Margarethe von Parma, 1559–1568 die Statthalterin der Niederlande.

Ihr Haus steht am Grote Markt neben dem **Balduinsturm** (11. Jh.), dem Mittelpunkt des historischen Stadtkerns. Das alles beherrschende Bauwerk des Platzes ist das prächtige hochgotische ****Stadhuis** mit dem harmonisch in die Fassade eingefügten Belfried und dem vergoldeten Wahrzeichen der Stadt »Hanske 't Krijgerke« auf dem First. Den Ratssaal sollte man unbedingt besichtigen. An der Rückfront des Rathauses steht die ehemalige **Tuchhalle** (13. Jh.).

Etwas abseits (westlich) des Grote Markt erhebt sich die spätgotische **St.-Walburgakerk,** deren nie vollendeter Turm das Stadtbild prägt. Auch hier steht ein Beginenhof mit schlichter Kapelle, am jenseitigen Flussufer die Kirche **Onze-Lieve-Vrouw-van-Pamele,** Meisterwerk der Scheldegotik.

> **i** **Dienst voo Toerisme,** Stadhuis, Markt, 9700 Oudenaarde, Tel. 0 55/31 72 51, Fax 33 00 48.

Ronse ㉝

Die Industriestadt (frz. *Renaix;* 26 000 Einw.) erreicht man durch das Hügelland der flämischen Ardennen. Von Bedeutung ist die gotische **St-Hermes-Kollegiaal.** Die romanische Krypta mit 32 Säulen wird oft mit einer unterirdischen Moschee verglichen.

Geraardsbergen ㉞

Das romantische Städtchen (frz. *Grammont;* 30 500 Einw.) liegt auf einem Hügel an der Dender, nahe der französischen Sprachgrenze und ist der letzte Punkt auf dieser Rundtour durch das »flache Land«.

Der Oudenberg ist alljährlich am letzten Sonntag im Februar Ausgangspunkt des **Krakelingenworp.** Im Verlauf dieses Volksfestes werden zentnerweise Kekse in die Menge geworfen. Mit Einbruch der Dunkelheit findet dann noch *Tonnekenbrand* statt, wobei man in Tonnen ein Feuer entzündet. Beide Bräuche dürften auf heidnische Ursprünge zurückgehen. Am **Grote Markt** sehenswert sind die Bartholomäuskirche, das Rathaus (14. Jh.), das im 19. Jh. im Rokokostil renoviert wurde, sowie die älteste Plastik des »Manneken Pis«.

4

Seite 85

Luxemburg

Das kleine, starke Herz Europas

Wer ein paar Tage fernab vom täglichen Getriebe verbringen möchte und die ländliche Idylle liebt, aber nicht auf kulturelle Genüsse verzichten will, wer den Frieden einer Kleinstadt sucht, zugleich aber internationales Flair zu schätzen weiß – der sollte nach Luxemburg fahren. Das Land ist wie geschaffen für einen erlebnisreichen Kurzurlaub, den man mit Wandern, Bummeln und Schlendern gestalten kann.

Das Großherzogtum Luxemburg (2587 km²; frz. *Grand Duché de Luxembourg)* erreicht mit etwa 400 000 Einwohnern die Größe einer mittleren Großstadt. Internationale Bedeutung gewann das kleinste Mitgliedsland der EU durch die in seiner Hauptstadt konzentrierten europäischen Institutionen und als Bankenzentrum. Zwischen dem romanischen und dem germanischen Kulturraum der Nachbarn Frankreich, Deutschland und Belgien hat Luxemburg als Vermittler seine Identität bewahrt. Dazu gehört auch die Sprache »Lëtzebürgesch«, ein moselfränkischer Dialekt. Dass dazu die Amtssprache Französisch, aber auch Deutsch ganz selbstverständlich benutzt werden, kennzeichnet die Luxemburger als gute Europäer.

**Luxemburg-Stadt

In Luxemburg (frz. *Luxembourg),* der Haupt- und Residenzstadt des Großherzogtums, lebt etwa ein Drittel der Bevölkerung des Landes (mit Vororten ca. 138 000 Einw.). Neben allen luxem-

burgischen Regierungs- und Verwaltungsorganen sind in der Stadt auch bedeutende EU-Behörden (u. a. der Rechnungshof, die Europäische Investitionsbank und der Europäische Gerichtshof) ansässig. Die große Zahl der in Luxemburg niedergelassenen ausländischen Banken ist ein weiterer Wirtschaftsfaktor der Stadt.

Seite 95

Geschichte

Bereits in kelto-romanischer Zeit begünstigte die strategisch hervorragende Lage die sporadische Besiedelung des Ortes, der spätestens seit dem Jahr 936 kontinuierlich bewohnt ist. Damals erwarb Graf Siegfried das Kastell Lucilinburhuc (später Lützelburg, »kleine Burg«), das an der Stelle des ehemaligen Fischmarkts *(Place du Marché)* stand, einem Kreuzungspunkt alter Römerstraßen.

Auf dem »Bock«, einem Felssporn über dem Tal der Alzette, ließ Siegfried die erste Burg errichten, die Ausgangspunkt der mittelalterlichen

Auf nach Europa

1948 gab Luxemburg seine Neutralität auf und entschied sich für eine aktive Rolle in der europäischen Integrationspolitik. 1949 wurde es Mitglied der NATO und verband sich mit den Niederlanden und Belgien zur Zoll- und Wirtschaftsunion »BeNeLux«. Das Land wurde 1951 Sitz der Montanunion und trat 1964 der EWG bei. 1966 folgte die Einweihung des Europäischen Zentrums, und 1995 war Luxemburg »Europäische Kulturhauptstadt«.

Stadtentwicklung und Stammhaus der Grafen von Luxemburg wurde. Den Höhepunkt seiner Macht erlebte das Grafengeschlecht im 14. und 15. Jh., als es, inzwischen in den Herzogstand erhoben, vier deutsche Kaiser und Könige stellte. Mit dem Niedergang des Luxemburger Adelsgeschlechts begann eine lange Phase ständig wechselnder Fremdherrschaft. Immer standen militärstrategische Interessen im Vordergrund, so dass die Burg auf dem Bockfelsen ständig erweitert wurde und den Beinamen »Gibraltar des Nordens« erhielt. Obwohl Vauban, der Festungsbaumeister des Sonnenkönigs Louis XIV, sie hundert Jahre zuvor zu einem uneinnehmbaren Bollwerk ausgebaut hatte, mussten die Österreicher nach einer sieben Monate dauernden Hungerblockade (1795) vor den französischen Revolutionstruppen kapitulieren.

Seit 1839 souveräner Staat

Im Londoner Vertrag von 1839 wurde Luxemburgs staatliche Souveränität anerkannt, 1867 seine Neutralität garantiert und die Schleifung aller Befestigungswerke beschlossen. Erst jetzt konnte sich die nur 8000 Einwohner zählende Stadt in Ruhe zum Mittelpunkt des kleinen Landes entwickeln. Das Aufblühen der Stahlindustrie im Süden des Landes brachte Geld in die Hauptstadt. Neue Stadtviertel wurden angelegt. In beiden Weltkriegen besetzten deutsche Truppen Stadt und Land. Nach den Zerstörungen der Ardennenoffensive 1944–1945 begann nach Kriegsende der Wiederaufbau.

Sehenswürdigkeiten

Die Oberstadt innerhalb des alten Befestigungsrings wird im Süden und Westen von den Tälern der Pétrusse

Luxemburg-Stadt mit dem Eisenbahn-viadukt in der Unterstadt

und Alzette, im Norden und Osten durch den Stadtpark begrenzt.

Place de la Constitution ❶

Als Ausgangspunkt des Stadtrundgangs eignet sich die zentral gelegene Place de la Constitution (Platz der Verfassung). Im Volksmund heißt der Platz »Gëlle Fra«, also »Goldene Frau«, was sich auf die Siegesgöttin an der Spitze des Ehrenmals für die luxemburgische Freiwilligenkompanie im Ersten Weltkrieg bezieht.

Am Platz liegt der Zugang zu den **Casemates de la Pétrusse.** Das unterirdische Befestigungssystem mit 54 Geschützständen, das einem Labyrinth von Gängen und Treppen ähnelt, wurde ab 1644 von den spanischen und österreichischen Besatzungstruppen in den Fels gesprengt (Ostern, Pfingsten und 1. Juli bis 31. Sept. tgl. 11–16 Uhr; geführter Rundgang).

Bahnhofsviertel ❷

Der Blick in die Parkanlagen im Tal der Pétrusse, die über einen Treppenweg zu erreichen sind, wird vom Pont Adolphe (1900) und dem alten Viadukt (1859) mit seiner harmonischen Bogenarchitektur eingerahmt. Beide Brücken führen ins lebhafte Bahnhofsviertel mit seinen protzigen Verwaltungsbauten, wobei die Gründer-

Seite 95

Nordeingang von Notre-Dame

Seite 95

zeitgebäude des Arbed-Stahlkonzerns und der Staatssparkasse, aber auch der Bahnhof mit seinem markanten Turm zu den architektonisch interessantesten gehören.

Cathédrale Notre-Dame ❸

Auffallendster Schmuck der einfachen Nordfassade der Liebfrauenkathedrale (17. Jh.), die in der engen Straße kaum Wirkung entfalten kann, ist das frühbarocke Eingangsportal. Zur barocken Innenausstattung gehört die reiche, mit maurischen Stilelementen durchsetzte Empore. Erst in den 1930er Jahren wurde der Südteil der Kirche angebaut. Dort befindet sich auch das Gnadenbild der Landespatronin »Trösterin der Betrübten« (Großwallfahrt alljährlich in der dritten und vierten Woche nach Ostern). Zwei Bronzelöwen weisen den Eingang zur Krypta der Großherzöge.

Neben der Kirche, im Gebäude des ehemaligen **Jesuitenkollegs ❹**, einem dreiflügeligen Renaissancebau, ist die Nationalbibliothek untergebracht.

Weitere Kirchen, Plätze, Museen

Auf der anderen Seite steht das alte **Refugium der Trierer St-Maximin-Abtei ❺**. Der mächtige Natursteinbau wurde 1751 erbaut und ist heute Sitz des Außenministeriums.

Die Einkaufsstraße Rue du Fosse führt zur **Place Guillaume II ❻**, auch

Die Cathédrale Notre-Dame ist alljährlich nach Ostern Ziel von Pilgern

Knuedeler genannt. Das Wort bezeichnet den Knotengürtel der Franziskanermönche, deren Abtei bis zum 19. Jh. an diesem Platz stand. In der Platzmitte erhebt sich das Reiterstandbild Wilhelms II., der in Personalunion König der Niederlande und Großherzog von Luxemburg war. An der Südseite steht das klassizistische Rathaus. Ein kleiner, mit einem Fuchs bekrönter Brunnen erinnert an Michel Rodange, der Goethes zeitkritisches Epos »Reineke Fuchs« auf Luxemburger Verhältnisse übertrug.

Durch eine Passage kommt man zur **Place d'Armes** (Paradeplatz) ❼. Der von Straßencafés und Restaurants umgebene Platz ist Ort zahlreicher kultureller Veranstaltungen und das Zentrum des öffentlichen Lebens.

Das ***Palais Grand-Ducal** (Großherzogliches Palais) ❽ von 1572 ist vielleicht aus kunsthistorischer Sicht der interessanteste Gebäudekomplex des Landes. Von besonderem Reiz ist die restaurierte Fassade, an der mau-

An der Place d'Armes

Postmoderne Architektur am Boulevard Royal

risch-spanische Arabesken eine fast exotische Wirkung entfalten.

Die Rue de la Boucherie endet auf dem **Marché aux Poissons,** dem ehemaligen Fischmarkt und historischen Kern der hübschen Altstadt. Das nahe **Musée National d'Histoire et d'Art ❾** zeigt eine umfassende Sammlung zur Geschichte und Kultur des Landes.

An der Stelle von **St-Michel** (Michaelskirche) ❿ ließ 987 n. Chr. Graf Siegfried eine Hofkapelle errichten. Nach mehrmaligen Zerstörungen erhielt sie im Zuge der Umbauten und Restaurierungsarbeiten auch ein Renaissanceportal. Der spätgotische Innenraum weist barocke Einrichtungsstücke auf, darunter auch die Orgel.

Der Felsvorsprung **Le Bock** mit der Ruine der ersten Grafenburg bietet eine schöne Aussicht auf das Tal der Alzette mit den Unterstädten Grund und Pfaffental.

Die ****Casemates du Bock** wurden unter der österreichischen Kaiserin Maria Theresia Mitte des 18. Jhs. angelegt. Der halbstündige Spaziergang durch das Labyrinth der Felsgänge

und Verteidigungsanlagen ist spannend (März bis Okt. 10–17 Uhr).

*Chemin de la Corniche ⓫. Von diesem Höhenweg bieten sich abwechslungsreiche Ausblicke ins Tal und auf das gegenüberliegende Plateau du Rham.

Ins enge Tal gezwängt bilden die alten Häuser der Unterstädte **Grund** und **Pfaffental** ein gut erhaltenes architektonisches Ensemble, das in Teilen noch auf das 14. Jh. zurückgeht. Die Betriebsamkeit der Oberstadt weicht hier einer eher dörflichen Idylle. Am Abend ändert sich die Szenerie, denn die zahlreichen Kneipen im Ortsteil Grund erfreuen sich großer Beliebtheit.

Ein lohnendes Ziel für Spaziergänger ist auch der **Stadtpark** im Nordwesten der Oberstadt. Die Villa Vauban, ein Herrschaftshaus des 19. Jhs., steht an der Stelle des Fort Vauban und beherbergt das **Musée J.-P. Pescatore ⓬,** benannt nach dem gleichnamigen Bankier, der seine gesamte Gemäldesammlung flämischer und niederländischer Meister des 17. bis 19. Jhs. der Stadt vermachte.

> ℹ️ **City Tourist Office,** Place d'Armes, 2011 Luxembourg, Tel. 0 03 52/22 28 09, Fax 46 70 70, www.luxemburg-city.lu.

Le Royal, 12, bd. Royal,
Tel. 0 03 52/41 61 61,
Fax 22 59 48, www.leroyal.be.
Zentral und fürstlich wohnen. ○○○
▮ **Domus,** 21, av. Victor-Hugo,
Tel. 0 03 52/46 78 78, Fax 46 78 79.
Solide; 10 Min. zum Zentrum. ○○
▮ **International,** 20–22, pl. de la Gare,
Tel. 0 03 52/48 59 11, Fax 49 32 27,
www.hotelinter.lu.
Best-Western-Hotel, am Bahnhof. ○○

Clairefontaine, 9, pl. de Clairefontaine, Tel. 0 03 52/46 22 11.
Das Feinste, was Luxemburg kulinarisch zu bieten hat. ○○○
▮ **Pays,** 20, rue du Curé, Tel. 0 03 52/
22 26 18. Das Lokal ist bekannt für
seine Fischspezialitäten. ○○

▮ **Au Quai,** Gare Centrale, 1. Stock.
In dieser gemütlichen Brasserie
bekommt der Gast die beste Haus-
mannskost. ○○

 Pralinen und feine Kuchen:
Pâtisserie Oberweis,
19, Grand-rue, Spitzenprodukte.
Mode: Boutique Kookai, 9-11, Grand-
rue, junge französische Mode.
▮ **Frieden,** 4, rue des Capucins, Desig-
nermode für Frauen und Männer.

Tipp 1000 Jahre in 100 Minuten –
unter diesem Motto führt der
Wenzelrundgang durch die Geschichte. Treffpunkt auf dem Bockfelsen: alljährlich von Ostern bis 31. Okt., Sa 15
Uhr. Auskünfte auf dem Bockfelsen.

Seite 95

❶ Place de la Constitution
❷ Bahnhofsviertel
❸ Cathédrale Notre-Dame
❹ Jesuitenkolleg
❺ Refugium der Trierer St-Maximin-
Abtei
❻ Place Guillaume II

❼ Place d'Armes
❽ Palais Grand-Ducal
❾ Musée National d'Histoire et d'Art
❿ St-Michel
⓫ Chemin de la Corniche
⓬ Musée J.-P. Pescatore

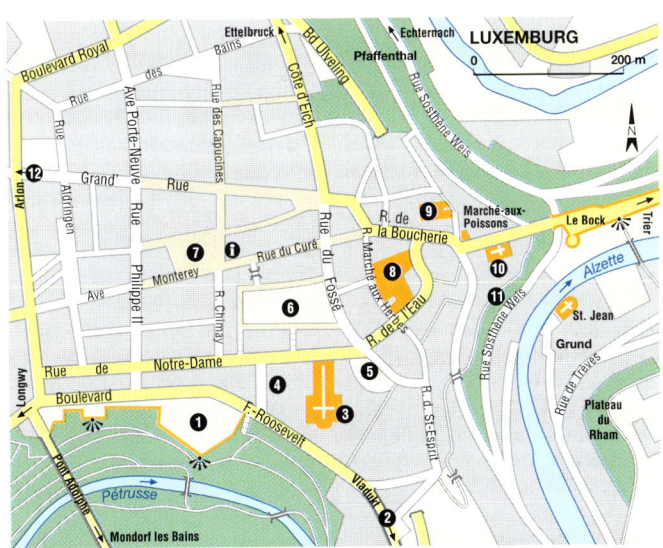

Tour 5

Viel Genuss auf wenig Raum

Rundfahrt durch Luxemburg

Ein verlängertes Wochenende in Luxemburg – weniger sollte man für einen ausführlichen Streifzug durch das Ländchen keinesfalls einplanen – kann zur reinen Genusstour werden. Die abwechslungsreiche Hügellandschaft, die wohlgefügten Dörfer und sauberen Städtchen, die hochrangigen Kunstschätze und nicht zuletzt die Köstlichkeiten aus Küche und Keller sorgen für einen kurzweiligen Aufenthalt, wie man ihn anderswo auf so kleinem Raum kaum erleben kann.

5

Seite 98

Die Landschaft des Ösling – ein etwa 500 m hohes, den Ardennen zugehöriges Hochplateau im nördlichen Landesteil – ist mit ihren tief eingeschnittenen Tälern der Flüsse Our, Clervé, Alzette und Wiltz der spektakulärste Teil Luxemburgs. Waldreiche Hänge bilden die Kulisse für romantische Burgen und hübsche Kleinstädte, deren Bewohner großenteils von der kargen Landwirtschaft oder dem Fremdenverkehr leben.

Der mittlere und südliche Landesteil, das von den Flüssen Sauer und Mosel begrenzte Gutland, empfängt den Besucher dagegen mit milderem Klima und einer reizvollen, offenen und niedriger gelegenen Hügellandschaft, die an manchen Stellen die Wunden des Bergbaus immer noch nicht verbergen kann.

Von Luxemburg aus führt die Tour auf der N 12 zunächst nach Norden.

Mersch ⑥⑤

Am Hauptplatz der Kleinstadt (6300 Einw.) fällt der Michaelsturm mit seiner Zwiebelkrone ins Auge. Gegenüber steht das **Wasserschloss** aus dem 12. Jh., das mehrmals zerstört wurde und immer wieder aufgebaut werden musste. Reste der römischen Patriziervilla **Villa Marisea** mit einer Fußbodenheizung und einem monumentalen Wasserbecken sind in einem Gebäude in der Rue des Romains zu besichtigen.

Ettelbrück ⑥⑥

Ettelbrück (6700 Einw.) hat sich, ebenso wie das benachbarte **Diekirch** (5600 Einw.), als Pforte der Ardennen zu einem wichtigen Wirtschaftszentrum und Ausgangsort für Wanderungen in die angrenzenden Täler entwickelt. Durch das romantische Tal der vielfach gewundenen Sûre geht es auf der N 27 weiter Richtung Nordwesten.

*Bourscheid ⑥⑦

Von der imposanten **Burgruine** sind noch bedeutende Reste erhalten. Seit dem 11. Jh. beherrscht die Festung die Umgebung. Das Museum vermittelt Einblicke in die örtliche Baugeschichte. Herrlich ist der Blick von den mächtigen Mauern hinunter in die tiefen, dicht bewaldeten Täler.

*Esch-sur-Sûre ⑥⑧

Ein idyllisches Örtchen (250 Einw.), dessen Häuser sich hinter Hügeln in einer Schleife des Flusses verstecken, ist Esch-sur-Sûre. Kunsthistorisch Interessierte sollten in der ehemaligen

Das Schloss von Clervaux

abtei **St-Maurice et St-Maur** birgt als wertvollstes Ausstattungsstück am Eingang eine Pietà aus dem 15. Jh.

Kaffee: Eine Spezialität des Ortes ist der Kaffee aus der Rösterei der Abtei.

Die spätgotische Hallenkirche in Wiltz

Gerberstadt **Wiltz** ⊕ (4000 Einw.) den Besuch der spätgotischen Hallenkirche mit romanischen Bauteilen im Ortsteil Niederwiltz nicht versäumen. Im Freilichttheater finden internationale Festspiele statt.

*Clervaux ⑩

Hauptanziehungspunkt in einem der wichtigsten Fremdenverkehrsorte des Landes ist das nach dem Zweiten Weltkrieg restaurierte **Schloss** (12. bis 17. Jh.). Die umfangreichen Wehrbauten verleihen der Gesamtanlage ein geschlossenes Aussehen.

In den Räumen der Burg sind drei ständige Ausstellungen zu besichtigen: eine zeigt Modelle zu den Burgen des Landes, eine weitere ist der Ardennenschlacht gewidmet, und auch die weltberühmte Fotoausstellung »The Family of Man« ist zu sehen.

Die schlichte neoromanische, nach dem Zweiten Weltkrieg wieder errichtete Klosterkirche der Benediktiner-

Vianden ⑪

Der Ort (1600 Einw.) gehört mit seiner 1000 Jahre alten *Burganlage zu den bekanntesten Reisezielen. Sie wurde sorgfältig restauriert. Die Besichtigung der einzelnen Gebäudeteile – der Burgkapelle (12. Jh.), des Kleinen Palas mit dem Byzantinischen Saal und des Großen Palas mit dem Ritterbzw. Grafensaal – ist ein lohnendes Erlebnis (April–Sept. tgl. 10–18 Uhr, sonst 10–16 Uhr).

Im historischen Ortskern sind die gotische **Eglise des Trinitaires** mit schönem Kreuzgang und barockem Hochaltar, das **Volkskundemuseum** und das literarische **Victor-Hugo-Museum** sehenswert. Der Romancier verbrachte während seines Exils 1871 mehrere Wochen in der Stadt.

Tourist Info, rue du vieux Marché, L–9419, Vianden, Tel. 03 52/83 42 57, www.tourist-info-vianden.lu

5

Seite **98**

*Luxemburger Schweiz

Die Fahrt durch das untere Tal der Sûre ist gekennzeichnet vom raschen Wechsel der Landschaft. Die weiten Acker- und Wiesenflächen werden im Luxemburger Sandsteinplateau von einer immer enger werdenden Tallandschaft abgelöst. In dieser waldreichen Gegend, die von einem dichten Netz von Wanderwegen durchzogen ist, haben die Bäche sich tief eingeschnitten und bizarre Felsgebilde, Schluchten und Höhlen geschaffen, die der Gegend ihren Namen einbrachten.

*Mullerthal

Lohnend ist die bei **Dillingen** 🗿 beginnende Fahrt ins Mullerthal, das über die Ortschaften **Beaufort** (sehenswer-

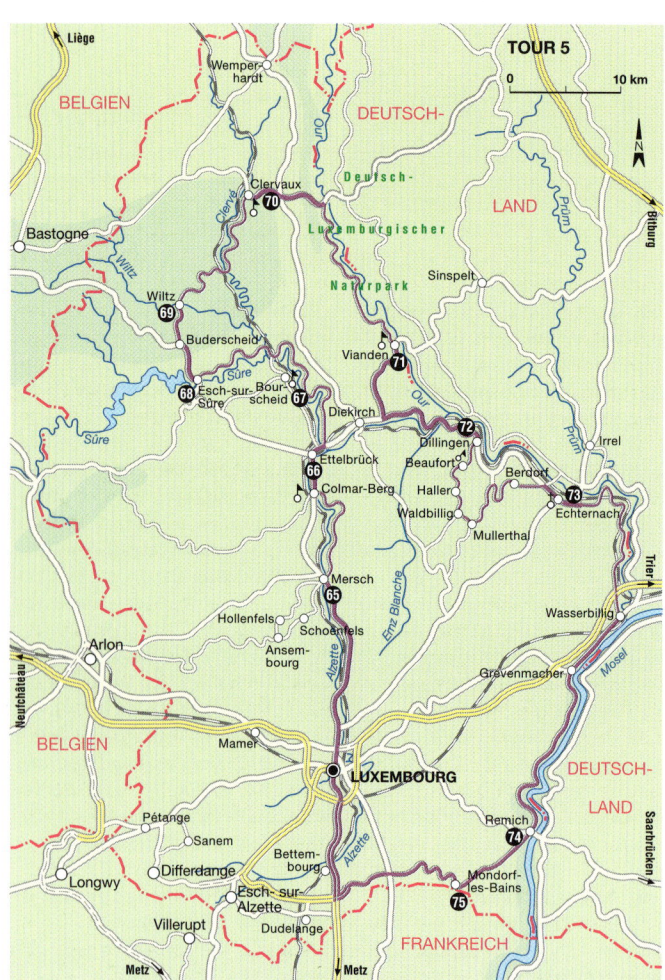

te Schlossruine), **Haller** sowie **Waldbillig** zu erreichen ist. Der Blick auf den Schießentümpel, eine künstlich angelegte Kaskade, ist ein Erlebnis.

*Echternach ⑱

Zeugnisse einer langen, religiös geprägten Vergangenheit haben Echternach (4300 Einw.) bekannt gemacht. Am südlichen Ortsrand kann man Reste eines der größten antiken **Gutshäuser** Galliens mit Badeanlagen, Säulenhallen und Mosaikböden besichtigen. Mit der Gründung einer **Benediktinerabtei** durch den hl. Willibrord im 7. Jh. begann die Entwicklung Echternachs zu einem Zentrum religiöser Kunst. Im 10. und 11. Jh. genoss die Echternacher Buchmalerschule hohes Ansehen.

Beispiele dieser Kunst kann man im Museum der Buchmalerei im Untergeschoss der Abtei betrachten. Mittelpunkt der mächtigen Klosteranlage ist die viertürmige *Willibrordusbasilika (St-Willibrord). Mehrmals zerstört, um- und rückgebaut, entspricht ihr Äußeres wieder ihrem Aussehen im 11. Jh. Vom karolingischen Vorläuferbau (8. Jh.) existiert noch die gut erhaltene Krypta.

Echternach wurde in der Ardennenoffensive (1944–1945) stark zerstört, präsentiert jedoch im Ortskern wieder ein gut restauriertes Gebäudeensemble. Dazu gehören der gotische **Dingstuhl** *(Denzelt)*, ehemals Sitz des Schöffengerichts, und das alte **Rathaus** »Unter den Arkaden«, die zusammen die Nordwestseite des schönen Marktplatzes bilden.

Bureau de Tourisme, Parvis de la Basilique, 6486 Echternach, Tel. 0 03 52/72 02 30, Fax 72 75 24, www.echternach.lu.

Eden au Lac, Am Nonnesees, Tel. 0 03 52/72 82 83, Fax 72 81 44, www.hotels.lu/ Komfortabel, zum Entspannen am Echternacher See. Winter geschl. ○○

▮ **Bon Accueil,** 3–5, rue des Merciers, Tel./Fax 0 03 52/7 20 52. Ruhige Unterkunft mitten in der Stadt. ○

Hostellerie de la Basilique, 7, pl. du Marché, Tel. 0 03 52/ 72 71 69. Stimmungsvolles Restaurant am Marktplatz. Meeresfrüchte und Fisch. ○○

▮ **La Bergerie,** 6251 Geyershof, Tel. 0 03 52/79 04 64. Traditionsreiches Restaurant im gediegenen Ambiente. Wildspezialitäten. ○○○

Tipp Mit der **Springprozession** erinnern Pilger am Pfingstdienstag an den hl. Willibrord, durch dessen Fürbitte das Land im 13. Jh. von einer Veitstanz-Epidemie befreit wurde.

5

Seite 98

Entlang der Mosel

Die Tour verläuft weiter durch das untere Tal der Sûre und erreicht **Wasserbillig,** den Mündungsort des Flusses, wo Bootsrundfahrten auf der Mosel angeboten werden.

Das Zentrum der luxemburgischen Weinbauregion ist **Grevenmacher** (3300 Einw.). Es war Festungsstadt, wovon noch der wehrhafte Kirchturm aus dem 13. Jh. zeugt. Unter römischer Herrschaft hatte sich **Remich ⑫** (2650 Einw.) als *Remacum* einen Namen als Winzerstadt gemacht. Im Mittelalter war es Sitz einer Vogtei, im 19. Jh. lebte man von der Fischerei und nun vom Tourismus. Der einzige Kurort Luxemburgs, **Mondorf les Bains ⑮** (2000 Einw.), fasziniert durch seine reizvolle Lage. Dem Gast wird ein vielseitiges Wellness-Programm geboten.

Infos von A–Z

Ärztliche Versorgung

Zwischen Deutschland, Belgien und Luxemburg besteht zwar ein Sozialversicherungsabkommen, jedoch ist der Versicherungsschutz durch die gesetzlichen Krankenkassen dadurch nicht eindeutig gewährleistet. Für alle Fälle sollte man sich von der Krankenkasse einen Auslandskrankenschein besorgen. Wird dieser aber vom Arzt nicht akzeptiert, muss die Behandlung an Ort und Stelle bezahlt werden. Die deutschen Krankenkassen erstatten den Betrag bzw. einen Teil davon nach der Rückkehr, sofern der behandelnde Arzt den so genannten E-Schein ausgefüllt hat, den man bei der Krankenkasse erhält. Um für alle Eventualitäten gerüstet zu sein, empfiehlt sich der Abschluss einer privaten Zusatzreiseversicherung.

Behinderte

Öffentliche Einrichtungen sind für Behinderte nicht immer ohne Probleme erreichbar. In den Hotelverzeichnissen ist für jedes Hotel angegeben, ob die Unterkunft für Rollstuhlfahrer zugänglich ist. Man sollte vor der Buchung sicher stellen, dass z. B. auch behindertengerechte Toiletten oder andere zweckmäßige Einrichtungen vorhanden sind.

Diplomatische Vertretungen

Botschaft der Bundesrepublik Deutschland

▌ 190, av. de Tervuren, 1150 Bruxelles, Tel. 02/770 58 30

▌ **Botschaft der Republik Österreich** 5, place du Champs de Mars, 1050 Bruxelles, Tel. 02/289 07 00.

▌ **Botschaft der Schweiz** 26, rue de la Loi, 1040 Bruxelles, Tel. 02/285 43 50.

Ein- und Ausreise

Obwohl EU-Bürger keiner Grenzkontrolle mehr unterliegen, sollte man den Ausweis mitnehmen. Schweizer benötigen einen Personalausweis oder den Reisepass. Kinder unter 16 Jahren brauchen einen Kinderpass oder müssen im Elternpass eingetragen sein.

Feiertage

1. Januar, Ostermontag, 1. Mai, Christi Himmelfahrt, Pfingstmontag, 23. Juni (Nationalfeiertag in Luxemburg), 21. Juli (Nationalfeiertag in Belgien), 15. August (Mariä Himmelfahrt), erster Montag im September (nur in Luxemburg), 1. November (Allerheiligen), 11. November (Waffenstillstandstag 1918, nur in Belgien), 25. und 26. Dezember. Fällt einer dieser Feiertage auf einen Sonntag, gilt der nächste Tag als gesetzlicher Feiertag.

Geld

Die Währungseinheit Belgiens und Luxemburgs ist seit dem 1. Januar 2002 die europäische Gemeinschaftswährung Euro (€).

Haustiere

Für Hunde und Katzen ist ein amtstierärztliches Gesundheits- und Tollwutimpfzeugnis erforderlich. Die Impfung muss mindestens 30 Tage vor Reisebeginn erfolgt sein und darf nicht länger als sechs Monate zurückliegen.

Information

▌ **Belgien-Tourismus Brüssel – Wallonie – Ardennen:** Cäcilienstr. 46, 50667 Köln, Tel. 02 21/27 75 90, Fax 02 21/2 77 59-100 und 2 70 97-77, www.belgien-tourism.net www.tib.be www.ardennen-bruessel.de www.flandern.com

E-Mail: info@ardennen-bruessel.de, info@flandern.com

Das deutsche Büro des überregionalen Verkehrsamtes verschickt Prospektmaterial und hilft bei Fragen zum gewünschten Urlaubsziel.

▪ **Tourismuswerbung Flandern Brüssel,** Mariahilferstr. 121b/6st., Wien, Tel. 0043/1/5 96 06 60.

▪ **Landesverkehrsamt Luxemburg (ONT),** PF 1001, L–1010 Luxemburg, Tel. 0 03 52/42 82 82 25, Fax 42 82 82 38, www.ont.lu

Fremdenverkehrsämter der Provinzen:

Antwerpen: Koningin Elisabethlei 16, 2018 Antwerpen, Tel. 03/240 63 98. Ostflandern: Woodrow Wilsonplein 3, 9000 Gent, Tel. 09/267 70 20. Westflandern: Kasteel Tillegem, 8200 St.-Michiels, Tel. 0 50/38 02 96, Fax 38 02 92, www.flandern.com.

▪ **T.I.B.** Informationsamt Brüssel, Hotel de Ville, Grand-Place, 1000 Bruxelles, Tel. 02/513 89 40, Fax 514 45 38, www.tib.be

▪ **Office de Promotion du Tourisme Wallonie-Bruxelles,** 63, rue Marché aux Herbes, 1000 Bruxelles, Tel. 02/504 03 90, Fax 504 02 70.

▪ **Belgium Tourist Reservations,** Anspachlaan 111-b4, 1000 Bruxelles, die Reservierungszentrale erreicht man unter Tel. 0 50/38 02 96, Fax 38 02 92.

▪ **Internet**

Inzwischen verfügen fast alle größeren Städte in Belgien wie auch in Luxemburg über einen eigenen Internet-Auftritt, um u.a. spezielle Angebote kurzfristig publik zu machen.

▪ **Kulturtipps** erhält man unter www.idearts.com

▪ **Hoteldatenbank:** Sie findet man unter www.toervl.be

▪ **Restaurantführer:** www.resto.be

Notruf

Notarzt und Feuerwehr: Tel. 100. Polizei: Tel. 101.

Öffnungszeiten

▪ **Banken:** Mo–Fr 9–12.30 und 14–16 Uhr.

▪ **Post:** Mo–Fr 9–17 Uhr, Sa 9–12 Uhr.

▪ **Geschäfte:** Mo–Sa 9–19 Uhr. Weder in Belgien noch in Luxemburg gibt es ein Ladenschlussgesetz. Die Öffnungszeiten sind nicht bindend.Bäckereien und Metzgereien haben häufig auch am Sonntag vormittags geöffnet.

▪ **Museen:** Meistens sind die Museen am Mo geschlossen. An den anderen Wochentagen schließen Sammlungen mittags zwischen 12 und 14 Uhr.

Post

Das Porto für einen Brief oder eine Postkarte in die EU-Länder: 0,50 €.

Telefon

Telefonkarten (Telecartes) sind verbreitet; es gibt sie für 5 und 25 €. Vorwahl: Deutschland 00 49, Österreich 00 43, Schweiz 00 41. Von Deutschland nach Belgien: 00 32.

Handy-Benutzer sollten die für sie gültige Vorwahl beim Provider erfragen.

Zoll

Für EU-Bürger gelten bei Waren für den persönlichen Bedarf grundsätzlich keine Einfuhrbeschränkungen mehr. 800 Zigaretten und 10 l Spirituosen pro Person ab 15 bzw. 17 Jahren kann man mitnehmen.

Schweiz

Waren bis zu einem Gesamtwert von 200 CHF und zusätzlich 200 Zigaretten oder 50 Zigarren oder 250 g Tabak, 1 l Spirituosen über oder 2 l unter 15° Alkoholgehalt und 2 l Wein dürfen Schweizer Bürger ausführen.

Langenscheidt Mini-Dolmetscher

Allgemeines

Guten Tag.	Bonjour. [bö**sehur**]
Hallo!	Salut! [ßa**lü**]
Wie geht's?	Ça va? [ßa **wa**]
Danke, gut.	Bien, merci. [bjё mär**ßi**]
Ich heiße ...	Je m'appelle ... [**sehö** ma**päll**]
Auf Wiedersehen.	Au revoir. [o rö**woar**]
Morgen	matin [ma**tё**]
Nachmittag	après-midi [aprämi**di**]
Abend	soir [ßoar]
Nacht	nuit [nüi]
morgen	demain [dö**mё**]
heute	aujourd'hui [o**sehur**düi]
gestern	hier [jär]
Sprechen Sie Deutsch?	Parlez-vous allemand? [parle wu al**mã**]
Wie bitte?	Pardon? [par**dö**]
Ich verstehe nicht.	Je ne comprends pas. [**sehö** nö kõ**prã** pa]
Sagen Sie es bitte nochmals.	Pourriez-vous répéter, s'il vous plaît? [**purje** wu repe**te** ßil wu **plä**]
..., bitte.	..., s'il vous plaît. [ßil wu **plä**]
danke	merci [mär**ßi**]
Keine Ursache.	De rien. [dö **rjё**]
was / wer / welcher	quoi / qui / quel [koa / ki / käll]
wo / wohin	où [u]
wie / wie viel	comment / combien [ko**mã** / kõbjё]
wann / wie lange	quand / combien de temps [kã / kõbjё dö **tã**]
warum	pourquoi [pur**koa**]
Wie heißt das?	Comment ça s'appelle? [ko**mã** ßa ßa**päll**]
Wo ist ...?	Où est ...? [u ä]
Können Sie mir helfen?	Pouvez-vous m'aider? [puwe wu mä**de**]
ja	oui [ui]
nein	non [nõ]
Entschuldigen Sie.	Excusez-moi. [äks**küse moa**]
Das macht nichts.	Ça ne fait rien. [ßa nö fä **rjё**]

Sightseeing

Gibt es hier eine Touristeninformation?	Est-ce qu'il y a une information touristique ici? [äskilja ün ёformaßjõ turis**tik** ißi]

Haben Sie einen Stadtplan / ein Hotelverzeichnis?	Avez-vous un plan de la ville / une liste des hôtels? [awe wus ё plã dö la wil / ün list des_o**täll**]
Wann ist das Museum / die Kirche / die Ausstellung geöffnet?	Quelles sont les heures d'ouverture du musée / de l'église / de l'exposition? [käl ßõ les_ör duwär**tür** dü müse / dö le**glihs** / dö läksposißjö]
geschlossen	fermé [fär**me**]

Shopping

Wo gibt es ...?	Où est-ce qu'il y a ...? [u äskilja]
Wie viel kostet das?	Ça coûte combien? [ßa kut kõbjё]
Das ist zu teuer.	C'est trop cher. [ßä tro **schär**]
Das gefällt mir. / Das gefällt mir nicht.	Ça me plaît. / Ça ne me plaît pas. [ßa mö **plä** / ßa nö mö plä **pa**]
Gibt es das in einer anderen Farbe / Größe?	Ça existe dans une autre couleur / taille? [ßa äk**sist** dãs_ün otrö ku**lör** / taj]
Ich nehme es.	Je le prends. [**sehö** lö **prã**]
Wo gibt es hier eine Bank?	Où est-ce qu'il y a une banque ici? [u äskilja ün bäk ißi]
Ich suche einen Geldautomaten.	Je cherche un guichet automatique. [**sehö** schärsch ё gi**schä** otoma**tik**]
Geben Sie mir 100 g Käse / zwei Kilo Pfirsiche.	Donnez-moi cent grammes de fromage / deux kilos de pêches. [done **moa** ßã gram dö fro**maseh** / döh **kilo** dö päsch]
Haben Sie deutsche Zeitungen?	Avez-vous des journaux allemands? [awe wus de **sehur**no al**mã**]
Wo kann ich telefonieren / eine Telefonkarte kaufen?	Où est-ce que je peux téléphoner / acheter une télécarte? [u äskö **sehö** pöh telefo**ne** / aschte ün tele**kart**]

Notfälle

Ich brauche einen Arzt / Zahnarzt.	J'ai besoin d'un médecin / dentiste. [**sehe** bösoё dё medsё / dä**tist**]
Rufen Sie bitte einen Krankenwagen / die Polizei.	Appelez une ambulance / la police, s'il vous plaît. [aple ün äbü**läs** / la polis ßil wu **plä**]

Wir hatten einen Unfall.	On a eu un accident. [õ_na ü ēn_akßidä]
Wo ist das nächste Polizeirevier?	Où est le poste de police le plus proche? [u ä lö post dö polis lö plü **prosch**]
Ich bin bestohlen worden.	On m'a volé. [õ_ma wole]
Mein Auto ist aufgebrochen worden.	On a fracturé ma voiture. [õn_a fraktü**re** ma woa**tür**]

Essen und Trinken

Die Speise- karte, bitte.	La carte, s'il vous plaît. [la **kart** ßil wu **plä**]
Brot	pain [pē]
Kaffee	café [ka**fe**]
Tee	thé [te]
mit Milch / Zucker	au lait / sucre [o lä / **Bükr**ə]
Orangensaft	jus d'orange [sehü do**räseh**]
Suppe	soupe [ßup]
Fisch / Meeres- früchte	poisson / fruits de mer [poassõ / früi dö **mär**]
Fleisch / Geflügel	viande / volaille [wjäd / wo**laj**]
Beilage	garniture [garni**tür**]
vegetarische Gerichte	cuisine végétarienne [küisin we**sehe**tari**jänn**]
Eier	œufs [öh]
Salat	salade [ßa**lad**]
Dessert	dessert [de**ssär**]
Obst	fruits [früi]
Eis	glace [glass]
Wein	vin [wē]
weiß / rot / rosé	blanc / rouge / rosé [blä / ru**seh** / rose]
Bier	bière [bjär]
Aperitif	apéritif [aperi**tif**]
Wasser	eau [o]
Mineralwasser	eau minérale [o mine**ral**]
mit / ohne Kohlensäure	gazeuse / non gazeuse [ga**sös** / nõ ga**sös**]
Limonade	limonade [limo**nad**]
Frühstück	petit déjeuner [pöti de**sehöne**]
Mittagessen	déjeuner [de**sehöne**]
Abendessen	dîner [di**ne**]
eine Kleinigkeit	un petit quelque chose [ē pöti källkə **schohs**]
Ich möchte bezahlen.	L'addition, s'il vous plaît. [ladi**ßjõ** ßil wu **plä**]
Es war sehr gut. / Es war nicht so gut.	C'était très bon. / Ce n'était pas si bon. [ßetä trä **bõ** / ßõ netä pa ßi **bõ**]

Im Hotel

Ich suche ein gutes Hotel / ein nicht zu teures Hotel.	Je cherche un bon hôtel / un hôtel pas trop cher. [sehö schärsch ē bõn_o**täll** / ēn_o**täll** pa tro **schär**]
Ich habe ein Zimmer reserviert.	J'ai réservé une chambre. [sehe rasär**we** ün **schäbr**]
Ich suche ein Zimmer für ... Personen.	Je cherche une chambre pour ... personnes. [sehö schärsch ün schäbr pur ... pär**ßonn**]
Mit Dusche und Toilette.	Avec douche et toilette. [a**wäk** dusch e toa**lätt**]
Mit Balkon / Blick aufs Meer.	Avec balcon / vue sur la mer. [a**wäk** balkõ / wü ßür la **mär**]
Wie viel kostet das Zimmer pro Nacht?	Quel est le prix de la chambre par nuit? [käll_ä lö pri dö la **schäbr** par **nüi**]
Mit Frühstück?	Avec petit déjeuner? [a**wäk** pöti de**sehöne**]
Kann ich das Zimmer sehen?	Est-ce que je peux voir la chambre? [äskö sehö pöh **woar** la **schäbr**]
Haben Sie ein anderes Zimmer?	Est-ce que vous avez une autre chambre? [äskö wus_awe ün otrə **schäbr**]
Das Zimmer gefällt mir / gefällt mir nicht.	La chambre me plaît / ne me plaît pas. [la **schäbr** mö **plä** / nö mö plä **pa**]
Kann ich mit Kreditkarte bezahlen?	Est-ce que je peux payer avec une carte de crédit? [äskö sehö pöh **päje** a**wäk** ün kart dö kredi]
Wo kann ich parken?	Où est-ce que je peux laisser ma voiture? [u **äskö** sehö pöh **lässe** ma woa**tür**]
Können Sie das Gepäck in mein Zimmer bringen?	Pourriez-vous apporter mes bagages dans la chambre? [purje wu aporte me baga**seh** dä la **schäbr**]
Haben Sie einen Platz für ein Zelt / einen Wohnwagen / ein Wohn- mobil?	Vous avez de la place pour une tente / une caravane / un camping-car? [wus_awe dö la plass pur ün **tät** / ün kara**wan** / ē käping**kar**]
Wir brauchen Strom / Wasser.	On a besoin de courant / d'eau. [õn_a bö**soē** dö kurä / do]

Orts- und Sachregister

Aalst 19, **79**
Aarschot 69 f.
Abbaye d'Orval 62
Abbaye de Maredsous 68
Alden Biesen 58
Amay 55
Amblève 12
Annevoie-Rouillon 68
Antwerpen 15, 20, **33ff.**
▪ Brouwershuis 34
▪ Diamantmuseum 37
▪ Koninklijk Museum voor Schone Kunsten 39
▪ Museum für Stadtgeschichte 34
▪ Museum Mayer van den Bergh 39
▪ Museum voor Hedendagse Kunst 39
▪ Nationales Schifffahrtsmuseum 34
▪ Onze-Lieve-Vrouwekerk 38
▪ Plantin en Moretusmuseum 37
▪ Rubenshaus 36
▪ St.-Carolus-Borromeuskerk 34
▪ St.-Jacobskerk 36
▪ St.-Pauluskerk 34
▪ Stadhuis 38
▪ Steen 33
▪ Vleeshuis 34
Ardennen 12 f., 21, 23, **60 ff.**
Arlon 62
Ath 19, 77
Attre 77
Aulne, Abtei 74
Averbode, Abtei 83

Baraque de Fraiture 23
Baraque Michel 52
Barrage de l'Eau d'Heure 72
Bastogne 23, 61 f.
Beaufort 98
Beaumont 72
Beloeil 76
Binche 19, 22, **74 f.**
Blankenberge 88
Bobbejaanland 22
Bokrijk, Domäne 58
Borinage 13
Bouillon 63
Bourscheid 96
Braine-l'Alleud 78
Bredene 88
Brügge 15, 19, 20, 22, **40 ff.**
▪ Altes Zollhaus 41
▪ Begijnhof 43
▪ Belfried 40
▪ Brangwyn-Museum 42
▪ Burg 41
▪ Groeninge-Museum 41
▪ Grote Markt 40
▪ Gruuthusepalais 42
▪ Heiligbloedkapel 41
▪ Huidenvettersplein 41
▪ Memlingmuseum 43
▪ Onze-Lieve-Vrouwekerk 42
▪ Poorterslogje 41
▪ Sint-Jans-Spital 43
▪ St-Salvatorskathedraal 43
▪ Stadhuis 41
Brüssel 14, 17, 19, 20, 22, **26 ff.**
▪ Atomium 31
▪ Bourse 29
▪ Bruparc 22
▪ Colonne du Congrès 30
▪ Comic-Museum 20
▪ Galeries St-Hubert 29
▪ Grand' Place 27
▪ Halle au Pain 27
▪ Hôtel de Ville 27
▪ Janneken Pis 28
▪ Laeken 31
▪ Les Marolles 31
▪ Manneken Pis 27
▪ Mont des Arts 31
▪ Musée Horta 29
▪ Musées des Beaux-Arts 30
▪ Notre-Dame-du-Sablon 31
▪ Oberstadt 29 f.
▪ Palais de Justice 31
▪ Palais du Roi 30
▪ Parc de Bruxelles 30
▪ Place du Grand Sablon 31
▪ Place Royale 30
▪ Rue de Bouchers 29
▪ St-Jacques Coudenberg 30
▪ St-Nicolas 29
▪ Stadtmuseum 27
▪ Tervuren, Schloss 32

Canal du Centre Strepy-Thiey 76
Celles 66
Charleroi 72
Chimay 72
Clervaux 97
Clervé (Fluss) 96
Condroz 12, 15
Cuesmes 76

Damme 89
De Haan 88
De Panne 88
Deigné-Aywaille 22
Demer (Fluss) 69

Dender 79
Dendermonde 19, **79 f.**
Diekirch 96
Diest 69
Dillingen 98
Dinant 19, 22, 68
Durbuy 61

Echternach 99
Esch-sur-Sûre 96
Etang de Virelles 72
Ettelbrück 96
Eupen 17, 19, **51 f.**

Francorchamps 23, 54
Furfooz 67

Gent 22, **44 ff.**
Geraardsbergen 21, 90
Grevenmacher 99
Grotte des Mille et Une Nuits 61
Grottes de Rochefort 66
Gutland 96

Halle 22, 79
Haller 99
Han-sur-Lesse 66
Haspengau 13
Hasselt 58
Hastière 67
Hastière-par-delà 67
Herentals 83
Hohes Venn 12, 23, 52
Horst, Wasserschloss 70
Huy 55 f.

Ieper 19, 86

Jehay 55

Kalmthoutse Heide 14
Kempenland 13 f.
Knokke-Heist 89
Kortrijk 19, 86

La Louvière 76
La Mardasson 62
La-Roche-en-Ardenne 61
Le Grand Hornu 76
Lesse (Fluss) 12, 22, 66
Leuven 19, **70 f.**
Lier 81 f.
Lobbes 72 f.
Louvain-la-Neuve 71
Lüttich 12, 18, **48 ff.**
Luxemburg 17 f., 21 f., **91 ff.**
Luxemburger Schweiz 98 f.
Luxemburg-Stadt 91 ff.

Maas (Meuse) 12, 55 f., 58
Malmédy 17, 19, 21, **52**
Marche-les-Dames 56
Maredsous, Abtei 68
Mechelen 19, 21, **80 f.**

Melipark 22
Mesnil-Saint-Blaise 67
Meuse s. Maas
Middelkerke 88
Modave 56
Mondorf les Bains 99
Mons 75 f.
Mont St-Jean 78
Montignies-St-Christophe 72
Mosel 96, 99
Mullerthal 98

Namur 19, 22, **56**
Naturpark Hohes Venn 14, **52**
Nivelles 22, 77

Ösling 96
Oostende 88 f.
Orval, Abtei 62
Ostflandern 15
Oudenaarde 19, **90**
Our (Fluss) 96
Ourthe 12, 22, 55, 61

Parc National de Lesse et
    Lomme 66
Plancenot 78

Recogne 62
Redu 64
Remich 99
Rochefort 66
Rocher Bayard 67
Ronquières 77
Ronse 90
Rubicon 54

Saint-Hubert 64
Sauer (Fluss) 96
Schelde 17, 44, 79
Scherpenheuvel 69
Semois (Fluss) 12, 62
Sint-Martens-Latem 90
Sint-Niklaas 80
Sint-Pieters-Rode 70
Sint-Truiden 58
Soignies 77
Sougné-Remouchamps 54
Spa 23, **54**
Spontin 60
Stavelot 19, **54**
Südbrabant 13
Sûre (Fluss) 96 f, 99

Telecoo 22
Thuin 74
Tienen 57
Tongeren 59
Tongerlo 83
Tournai 18, 19, **83 ff.**

Veurne 19, 22, 88
Vêves 67
Vianden 97
Villers-la-Ville 72
Visé 60

Waldbillig 99
Wallonie 17
Wasserbillig 99
Waterloo 17, **78**
Wenduine 88
Willebroeck,
    Kanal von 26
Wiltz 96

Zoutleeuw 57

Personenregister

Alba, Herzog von 17, 27
Albert II. 18

Baudouin I. 18
Bernhard von Clairvaux 72
Bouillon, Gottfried von 30,
    64
Brel, Jacques 20, 69
Brueghel d. Ä., Pieter 20, 31,
    39, 85

Cäsar 17, 59
Cuvilliés, François 77

Dürer, Albrecht 81
Dyck, Anthonis van 33, 34,
    45, 80, 86

Egmont, Graf 27
Ensor, James 20, 31, 85, 89
Erasmus von Rotterdam
    70, 80
Eyck, Hubert van 19, 44
Eyck, Jan van 19, 44

Goethe, Johann Wolfgang
    von 76, 93
Gogh, Vincent van 76, 85

Hoorn, Graf 27

Huy, Renier de 18, 50

Karl V. 17, 26, 44, 64, 80
Karl der Große 67, 80
Karl der Kühne 42, 48, 51
Katharina die Große 76

Layens, Mathijs de 70, 76
Leopold I. 30
Leopold II. 29, 32
Leopold III. 18
Leopold von Sachsen-
    Coburg 17
Louis XIV 17, 26, 62, 64, 67,
    80, 92

Magritte, René 20, 31
Manet, Edouard 85
Margarethe von Österreich
    80
Maria von Burgund 17, 42
Maximilian I. von Österreich
    17, 40
Memling, Hans 19, 43
Mercator 17, 80

Napoleon Bonaparte
    17, 33, 78
Nicolas de Verdun 19, 85
Notger, Fürstbischof
    48, 50

Oignies, Hugo d' 19, 57

Philipp II. von Spanien
    17, 27, 38
Philipp der Gute 44
Philipp der Kühne 17
Pippin d. Ä. 77

Rubens, Peter Paul 20, 31,
    33, 34, 37, 38, 44, 79, 80,
    83, 85

Siegfried, Graf 91, 94
Simenon, Georges 20, 48

Timmermans, Felix 81

Vandenhove, Charles 50
Vauban, Sébastien le Prestre
    de 92
Voltaire 76

Weyden, Rogier van der
    19, 31, 71, 85

Mobil übersetzen:
was Sie wollen – wo Sie wollen!

Langenscheidt SMS-Wörterbuch

Ob Englisch, Französisch, Italienisch oder Spanisch –
mit dem innovativen SMS-Wörterbuch von Langenscheidt
fehlen Ihnen nie die Worte. Egal, wo Sie sind,
als Kunde von D2, e-plus, O_2 oder Orange nutzen Sie
das Langenscheidt Wörterbuch ganz einfach über Ihr Handy!

Wie das funktioniert? Ein Blick ins Internet genügt. Unter

www.langenscheidt.de/sms

finden Sie die Beschreibung
für die einzelnen Mobilfunkanbieter.

Neu für D2-Kunden:
Langscheidt WAP-Reiseservice*
Wörterbuch, Sprach- und Reiseführer
im WAP-Format.
Infos unter www.langenscheidt.de/wap

Langenscheidt
...weil Sprachen verbinden

Das unverwechselbare Polyglott-Sternchensystem

*** eine eigene Reise wert   ** einen Umweg wert   * sehr sehenswert

** **Brüssel** (S. 26 ff)
   ** Grand'Place (S. 27)
   ** Hôtel de Ville (S. 27)
   ** Musée des Beaux-A...
     (S. 30)
   * Halle au Pain (S. 27)
   * Rue de Bouchers (S. ..
   * Galeries St-Hubert (S. 29)
   * Cathédrale St-Michel
     (S. 30)
   * Palais de Justice (S. 31)
   * Atomium (S. 31)

** **Antwerpen** (S. 33 ff.)
   ** Onze-Lieve-Vrouwerkerk
     (S. 38)
   ** Koninklijk Museum voor
     Schone Kunsten (S. 39)
   ** Museum voor Hedendagse
     Kunst (S. 39)
   * Fleischhalle (S. 34)

   ...ionales Schifffahrts-
     ...eum (S. 34)
     ...uluskerk (S. 34)
     ...olus-Borromeuskerk
     ...34)
   * Rubenshaus (S. 36)
   * Museum Platin-Moretus
     (S. 37)

** Durbuy (S. 61)
** Bouillon (S. 63)
** Dinant (S. 68)
** Leuven (S. 69)
** Mechelen (S. 69)
** Barrage de l'Eau d'Heure
   (S. 72)
** Etang de Virelles (S. 72)
** Belœil (S. 76)
** Lier (S. 81)
** Tournai (S. 83)
** Luxemburg-Stadt (S. 91)

Belgien und Luxemburg im Internet

www.belgien.tourismus.net
www.ardennen-bruessel.de
www.flandern.com
www.tib.be (Brüssel-Info)

www.resto.be (Restaurants)
www.idearts.com (Kulturtipps)
www.woervl.be (Flandern)
www.ont.lu (Luxemburg)

Die Autorinnen

Margarete Graf

Nach dem Studium der Anglistik und Slawistik in München und Bochum lebt und arbeitet sie als Verlagslektorin und Autorin in Köln. Zahlreiche Buchpublikationen und Zeitschriftenartikel, vor allem zu den Themen Wandern und Radfahren in Österreich und Belgien, sind von ihr auf dem Markt.

Christine Rettenmeier

ist studierte Diplom-Journalistin. Sie arbeitete als Redakteurin bei Tageszeitungen und in einer Pressestelle. Inzwischen ist sie als freie Reisejournalistin und Reiseleiterin tätig. Orte, die sie immer wieder aufsucht, sind vor allem ihre Lieblingsstädte Brüssel und Antwerpen.

Zeichenerklärung

Unsere Preissymbole bedeuten:

Hotel:			Restaurant:		
(DZ pro	○○○	ab 80 €	(Haupt-	○○○	ab 25 €
Person)	○○	bis 80 €	gericht)	○○	bis 25 €
	○	bis 40€		○	bis 15 €

Polyglott im Internet: www.polyglott.de,
im Shell GeoStar unter www.ShellGeoStar.com,
im Travel Channel unter www.travelchannel.de

Alle Informationen stammen aus zuverlässigen Quellen und wurden
sorgfältig geprüft. Für ihre Vollständigkeit und Richtigkeit können wir jedoch
keine Haftung übernehmen.
Ergänzende Anregungen bitten wir zu richten an:
Polyglott Verlag, Redaktion, Postfach 40 11 20, 80711 München.
E-Mail: redaktion@polyglott.de

Impressum

Herausgeber: Polyglott-Redaktion
Autorin: Margarete Graf
Special: Christine Rettenmeier
Lektorat: Susanne Feess
Layout: Ute Weber, Geretsried
Karten und Pläne: Huber.Kartographie, Polyglott-Kartografie
Titeldesign-Konzept: Independent Medien-Design
Satz: Easy Pic Library GmbH, München
Satz Special: Carmen Marchwinski, München

Komplett aktualisierte Auflage 2003/2004
© 2001 by Polyglott Verlag GmbH, München
Printed in Germany
ISBN 3-493-58713-9
Dieses Buch wurde auf chlorfrei gebleichtem Papier gedruckt.